아이와 함께
연필로 하는 수학 보드게임

연산 문제 하나 더 빨리 푸는 것보다 골똘히 두뇌 회전 한 번 하는 건 어떤가요?

나의 전략도 중요하지만 상대방의 생각을 추측하는 것은 또 다른 두뇌 회전의 놀이 묘미가 아닐까요?

수학적 사고력의 깊이는 유연하고 다양한 뜻밖의 생각을 떠올리는 데에서 생기지 않을까요?

아이와 함께 연필로 수학 보드게임을 하면서 수학놀이의 재미를 느껴 보시길 !!!!!

차례

전략 놀이

▶ 오목 만들기 ·················· 7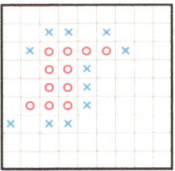

▶ 바둑 놀이 ·················· 11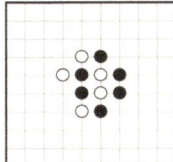

▶ 심 게임 ·················· 17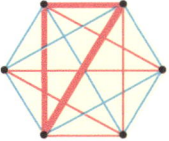

▶ 세포 분열 ·················· 27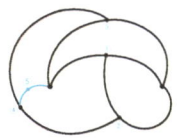

▶ 스피드 미로 찾기 ············ 35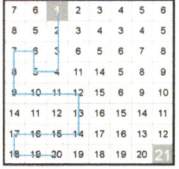

▶ 자동차 여행(길 만들기) ········ 41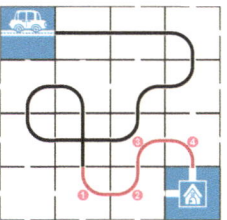

▶ 사다리 타기 ·················· 55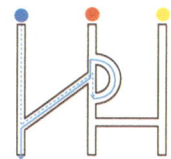

점 잇기

▶ 두 점 잇기 ······················ 43

▶ 살금살금 점 잇기 ············ 67

▶ 세 점 잇기 ······················ 73

▶ 십자 세점 잇기 ················ 77

▶ 막다른 길 만들기1 ··········· 83

▶ 막다른 길 만들기2 ··········· 87

▶ 좌충우돌 집찾기 ············· 91

점 잇기

▶ 테트로라인 잇기 ············ 97

▶ 스위칭 게임 ··············· 103

한글 게임

▶ 낱말 만들기 ··············· 113

▶ 초성 놀이 ················· 121

▶ 끝말 잇기 ················· 127

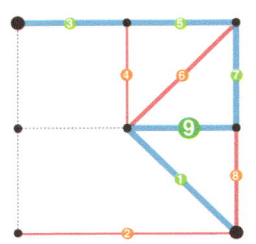

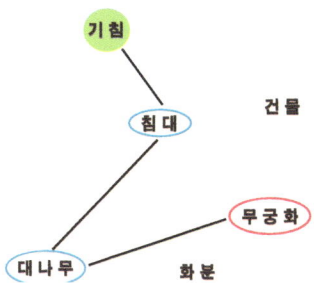

전략 놀이

- ▶ 오목 만들기
- ▶ 바둑 놀이
- ▶ 심 게임
- ▶ 세포 분열
- ▶ 스피드 미로 찾기
- ▶ 자동차 여행(길 만들기)
- ▶ 사다리 타기

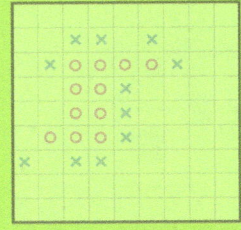
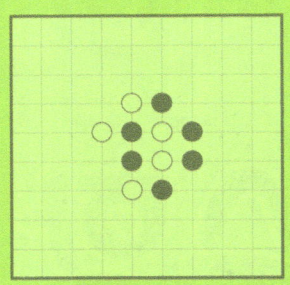
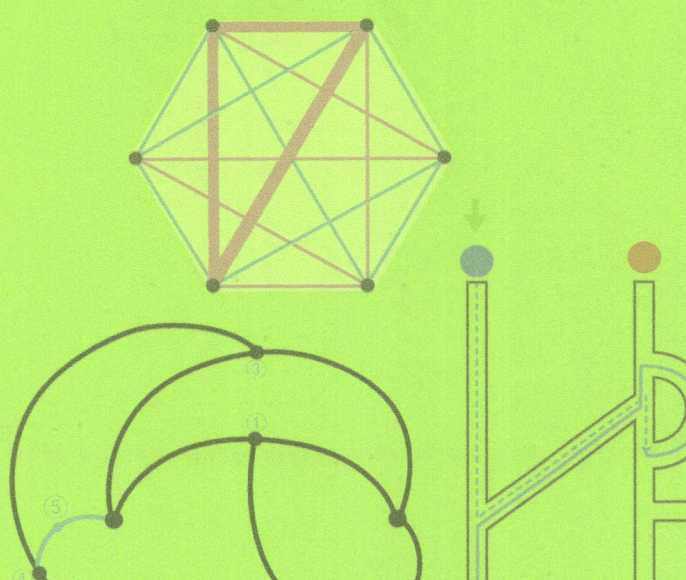
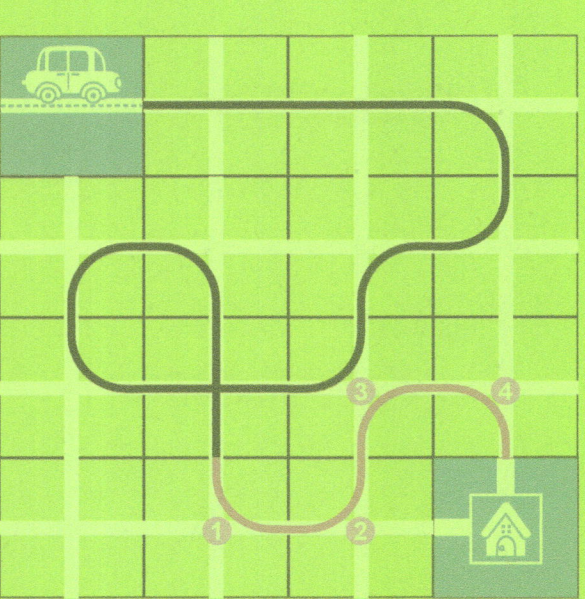

오목 만들기

놀이목표

가로, 세로, 대각선 중 연달아 같은 모양 다섯 개를 만들면 이기는 게임이다.

놀이방법

1. 번갈아가며 빈 칸에 ○, X표를 친다.
2. 가로, 세로, 대각선 중 먼저 같은 모양 다섯 개를 연달아 만들면 이긴다.

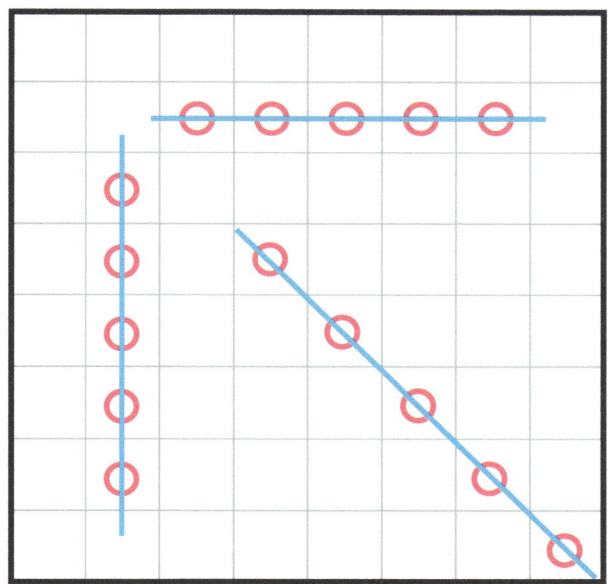

Tip

원래는 바둑판(19X19)에서 하는 것이다.
모눈칸을 다 채워도 승부가 나지 않으면 먼저 시작한 사람이 지는 것으로 하는 규칙을 세워도 된다. 틱택토만큼 오래된 게임이다.

오목 만들기

놀이진행

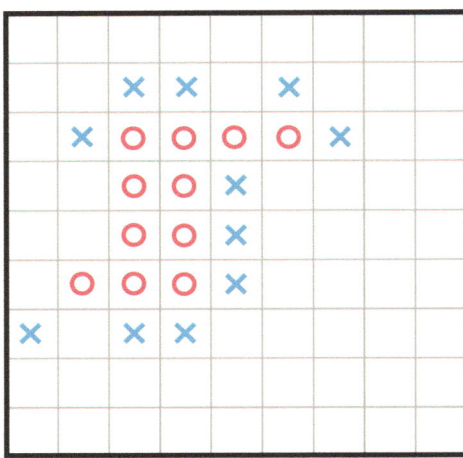

빨간색이 5개가 되지 못하도록 파란색이
4줄 빨간색을 계속 막았다.

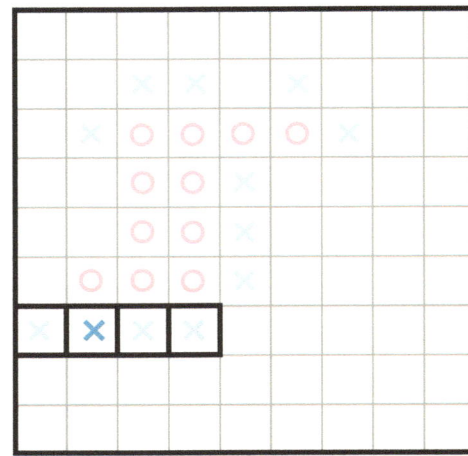

파란색도 드디어 4줄을 만들었다.

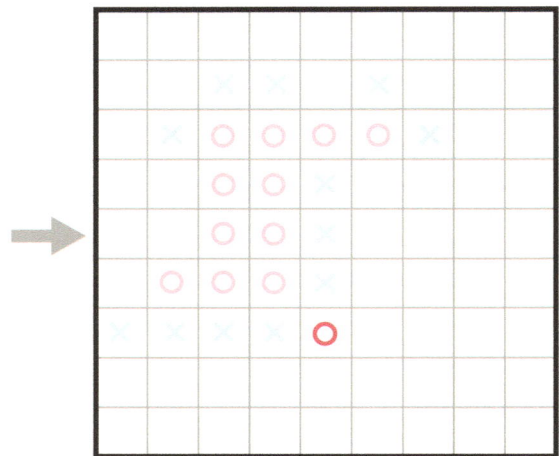

빨간색이 파란색 4줄을 막았다.

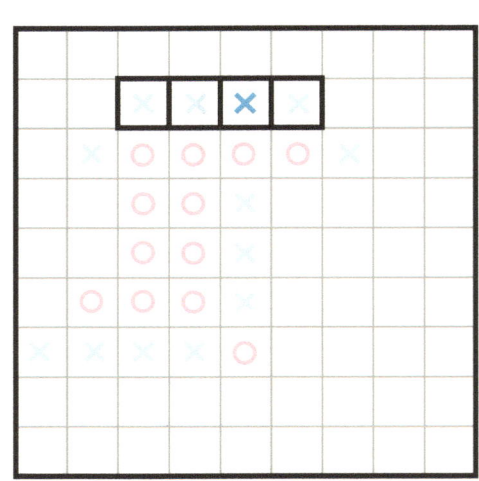

파란색이 다시 4줄을 만들었다.

오목 만들기

놀이진행

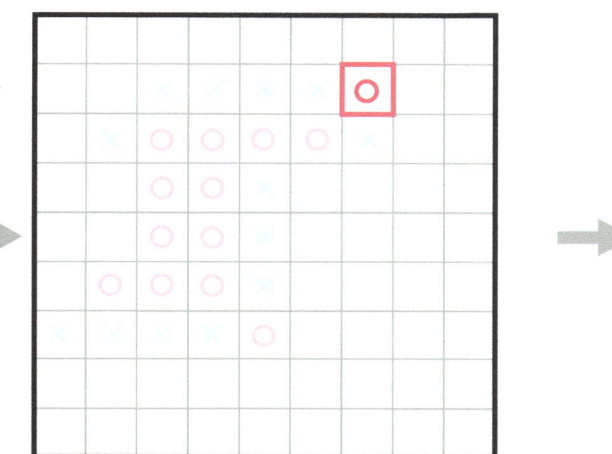

파란색이 5개가 되지 못하도록 빨간색이 막았다.

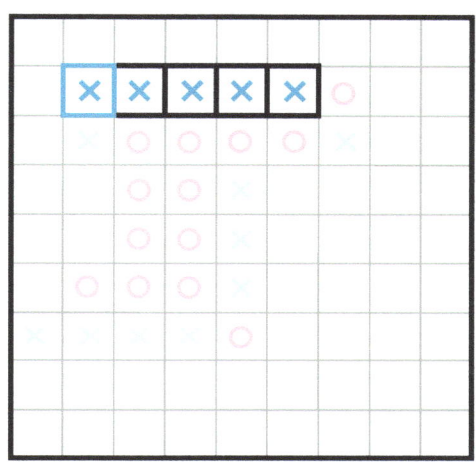

파란색이 반대쪽에 X표를 그려 5줄을 먼저 만들었다.

4줄이 되었을 때 양쪽이 비어 있으면 왼쪽, 오른쪽 어느쪽을 막아도 다음번에 반대쪽에 같은 모양이 들어오게 되어 양쪽이 비도록 4줄을 먼저 만든 사람이 무조건 이기게 된다

오목 만들기

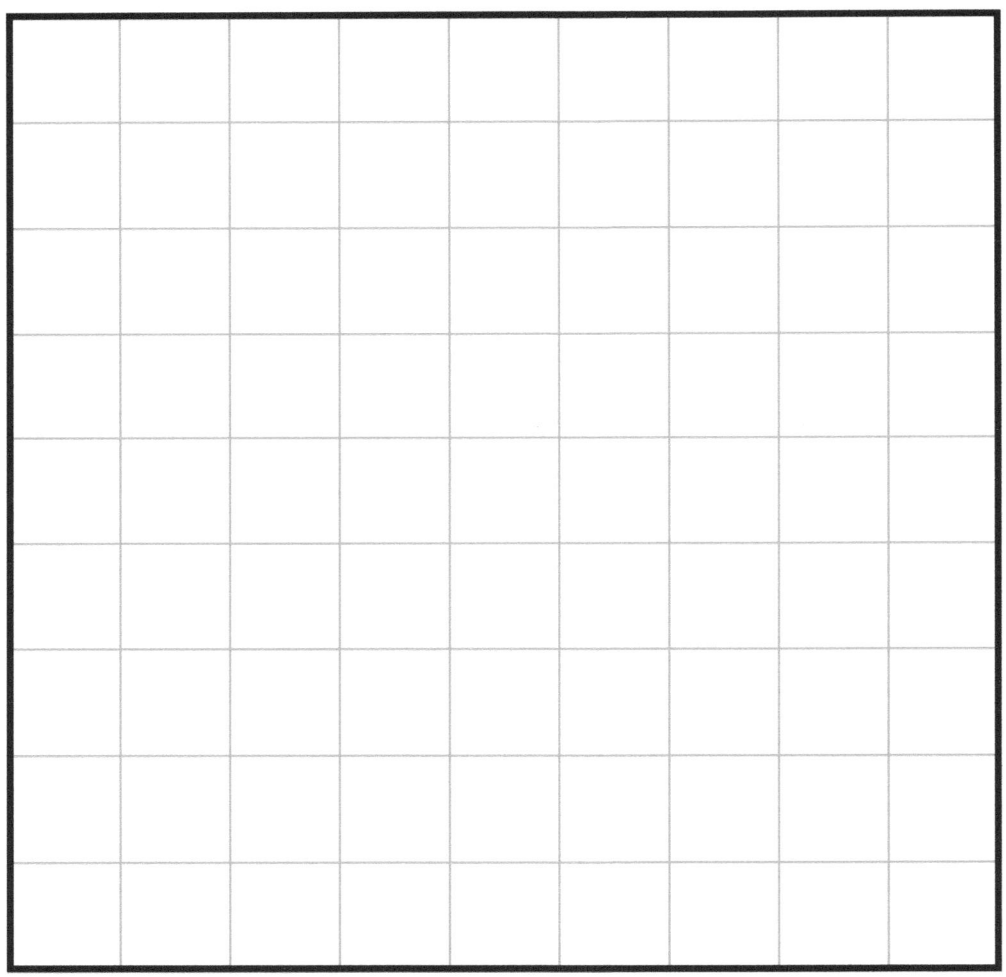

바둑 놀이

놀이목표

사방으로 상대방의 바둑돌을 감싸면 이기는 게임이다.

놀이방법

1. 서로 번갈아가며 교차점에 각자 정한 ○, ●표시를 한다.
2. 돌의 길이 막히면 게임이 끝나고 막힌돌을 둔 사람이 지게 된다.

놀이규칙

1. 교차점에 돌을 둔다.

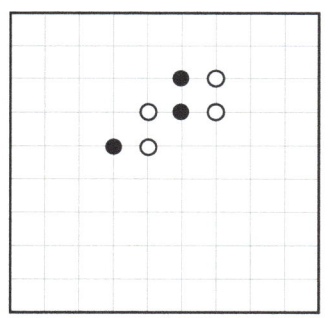

2. 돌은 어느 경우에도 세개까지만 연결한다.

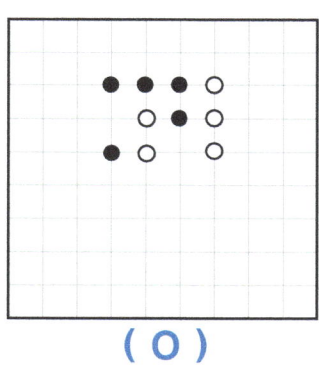
(O)

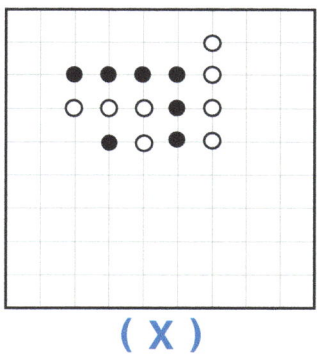
(X)

Tip

바둑을 단순화한 게임이다.
바둑은 나의 돌과 상대방의 돌을 같이 보면서 나에게 유리하게 두는 두뇌게임이다. 바둑에서는 끝까지 칸을 채워 서로 집을 세어 비교하지만 이 게임은 어느 한쪽길이 막히면 끝나는 보드게임 형식이다.

바둑 놀이

길이 막힌 예

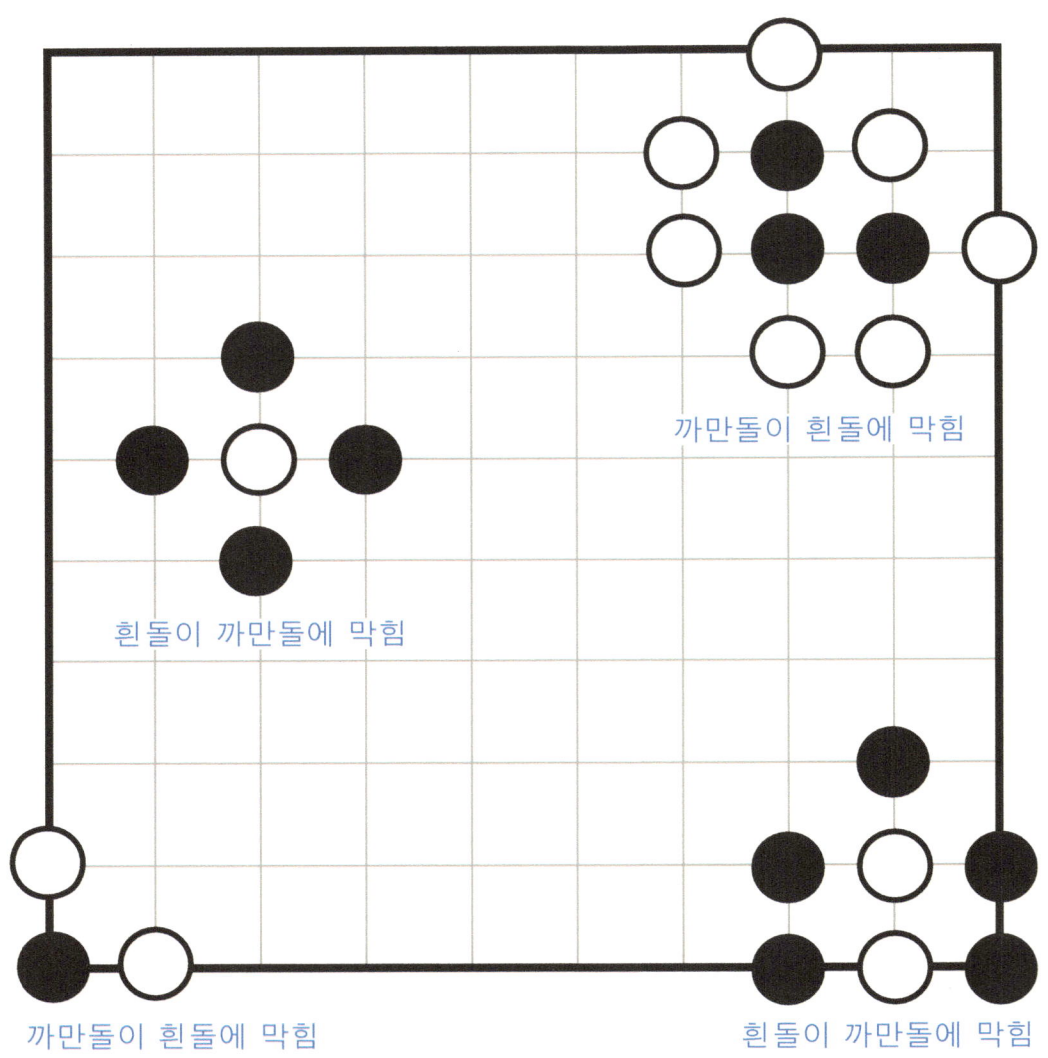

바둑 놀이

놀이진행

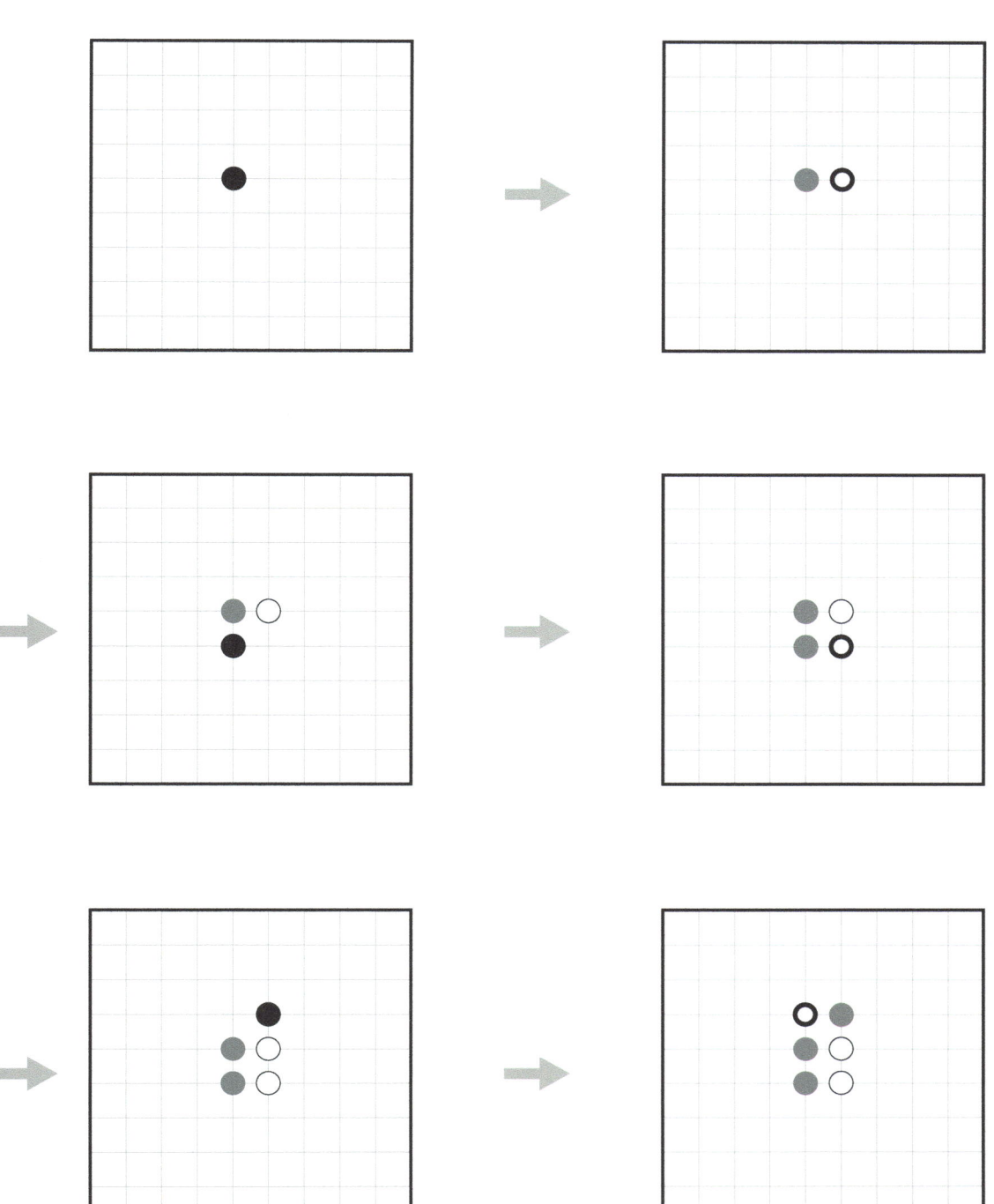

바둑 놀이

놀이진행

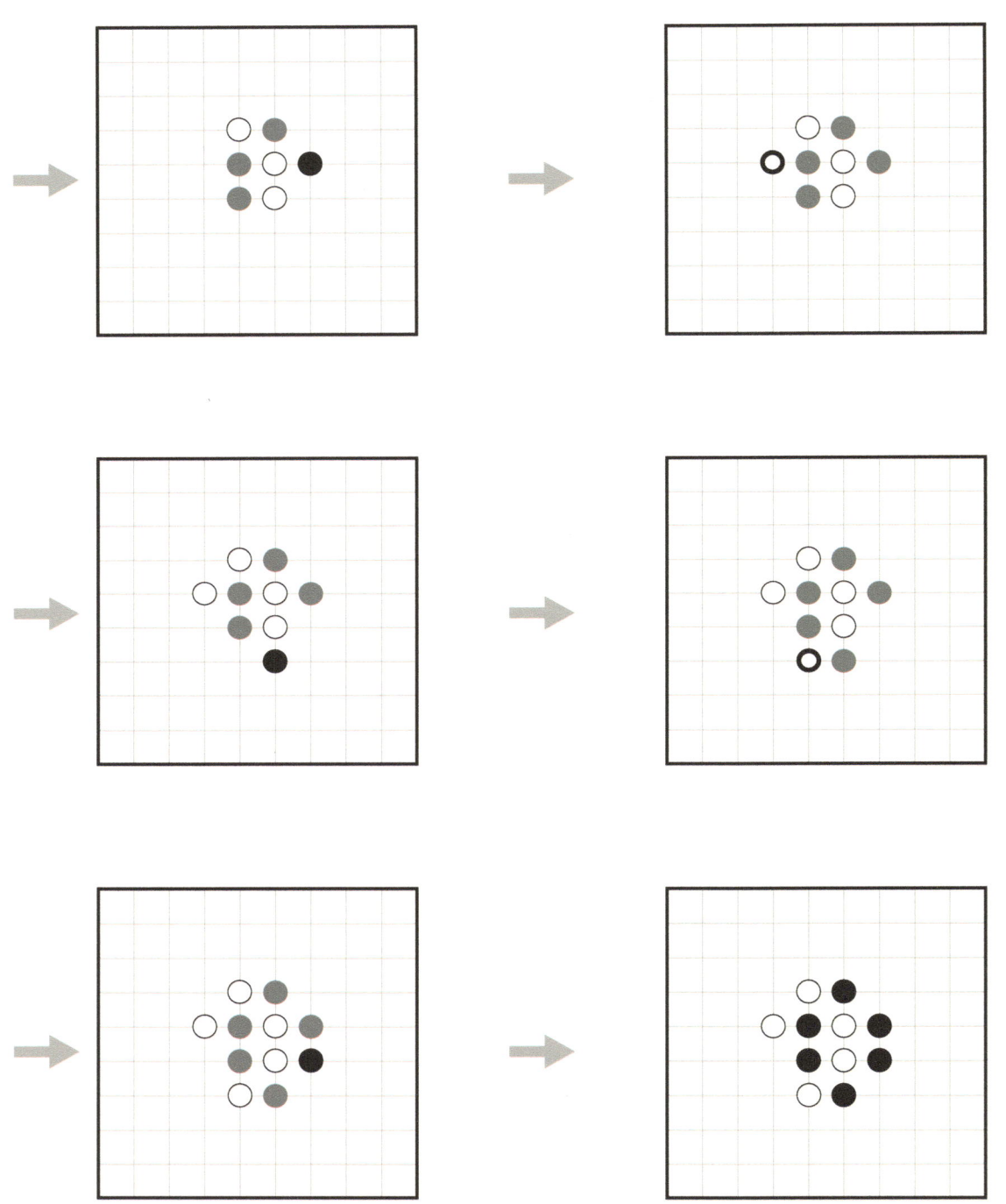

검은 돌이 흰돌을 감싸 흰돌이 이겼다.

바둑 놀이(9X9놀이판)

바둑 놀이(12X12놀이판)

심 게임

놀이목표
삼각형이 만들어지지 않도록 점을 잇는 게임이다.

놀이방법
1. 번갈아가며 서로 다른 색으로 놀이판의 점과 점을 연결한다.
2. 선을 이을 때는 세점과 연결된 선이 모두 같은 색이 되지 않도록 해야 한다.
3. 세점을 이은 선이 같은색으로 연결되면 지게 된다.

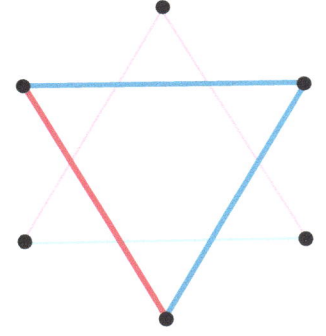

삼각형이 만들어졌으나 세점을 이은 선이 같은색이 아니다.

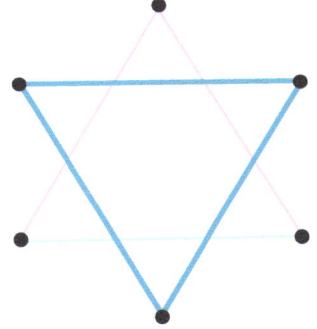

세점이 파란색 선으로 연결되었다. 세점이 같은색 선으로 연결되면 지게 된다.

Tip
미국의 암호학자 시몬스가 개발한 게임으로 알려져 있다.
영국의 수학자 램지의 '램지정리'가 적용된 게임이다.
세점을 연결하여 삼각형을 안만드는 것이 오히려 어려운 게임이다.
점 4개로 하면 거의 무승부가 되고 점 5개로 해도 되나
점 6개로 하는 것이 보편적이다.

심 게임

점과 선의 관계

삼각형이 만들어지지 않도록 점을 잇는 게임이다.

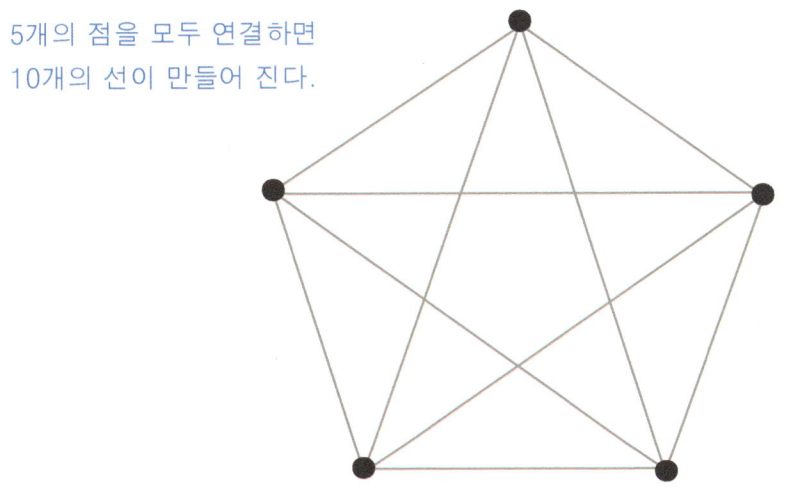

5개의 점을 모두 연결하면 10개의 선이 만들어 진다.

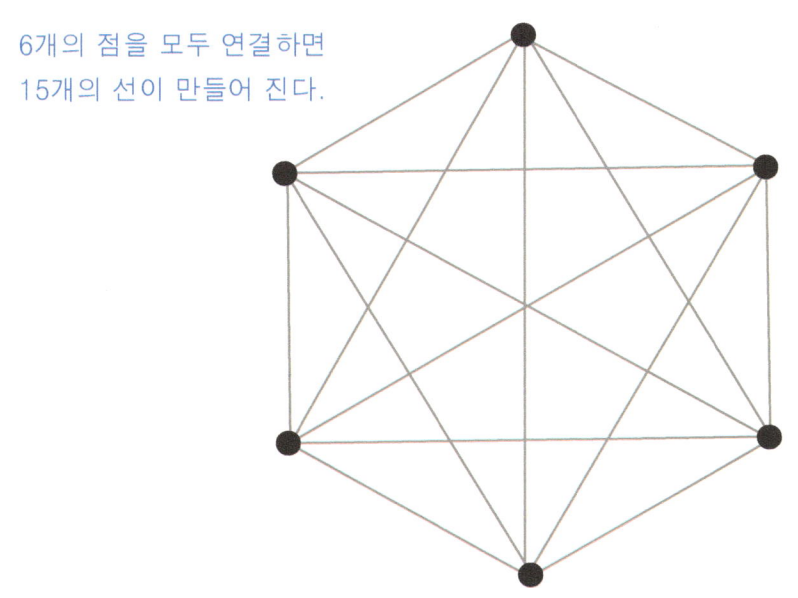

6개의 점을 모두 연결하면 15개의 선이 만들어 진다.

심 게임

점과 선의 관계

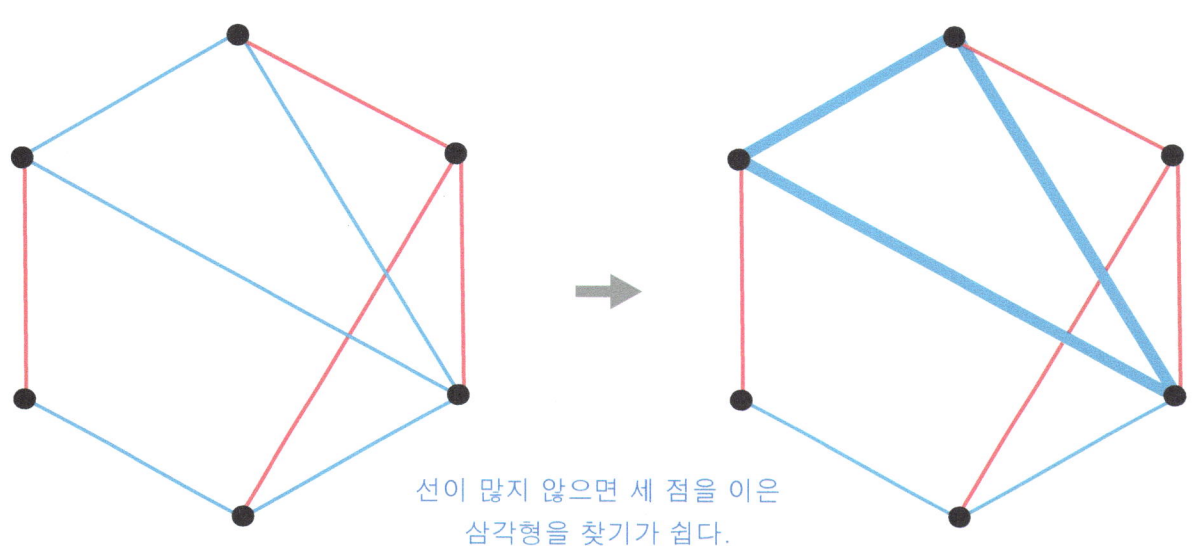

선이 많지 않으면 세 점을 이은
삼각형을 찾기가 쉽다.

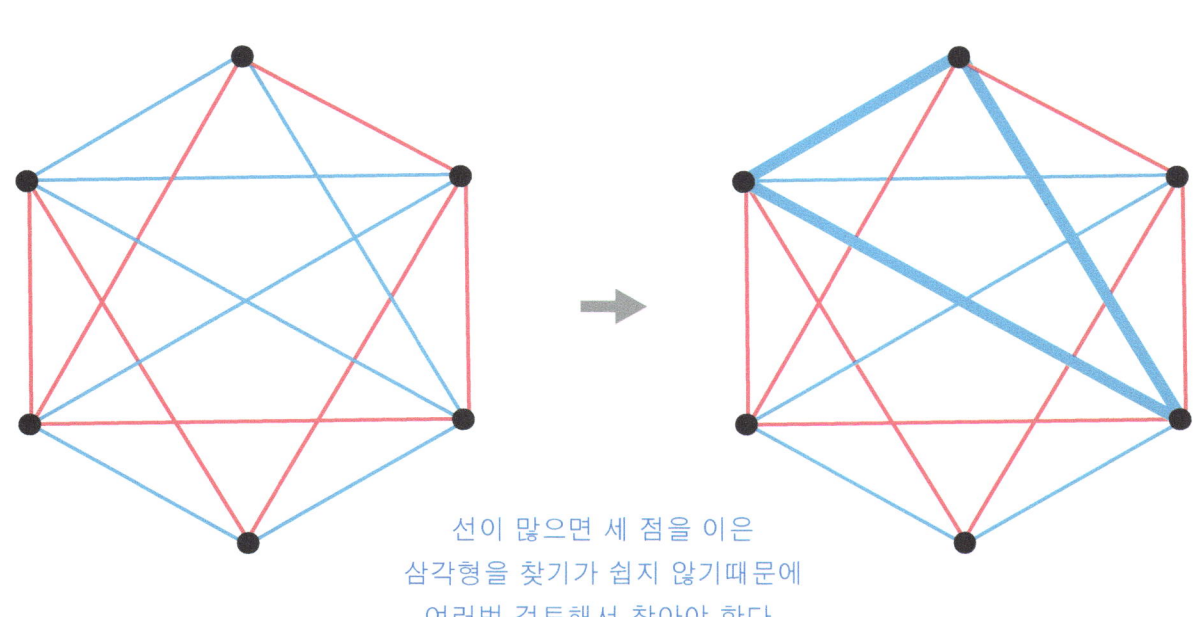

선이 많으면 세 점을 이은
삼각형을 찾기가 쉽지 않기때문에
여러번 검토해서 찾아야 한다.

심 게임

놀이진행 점 5개

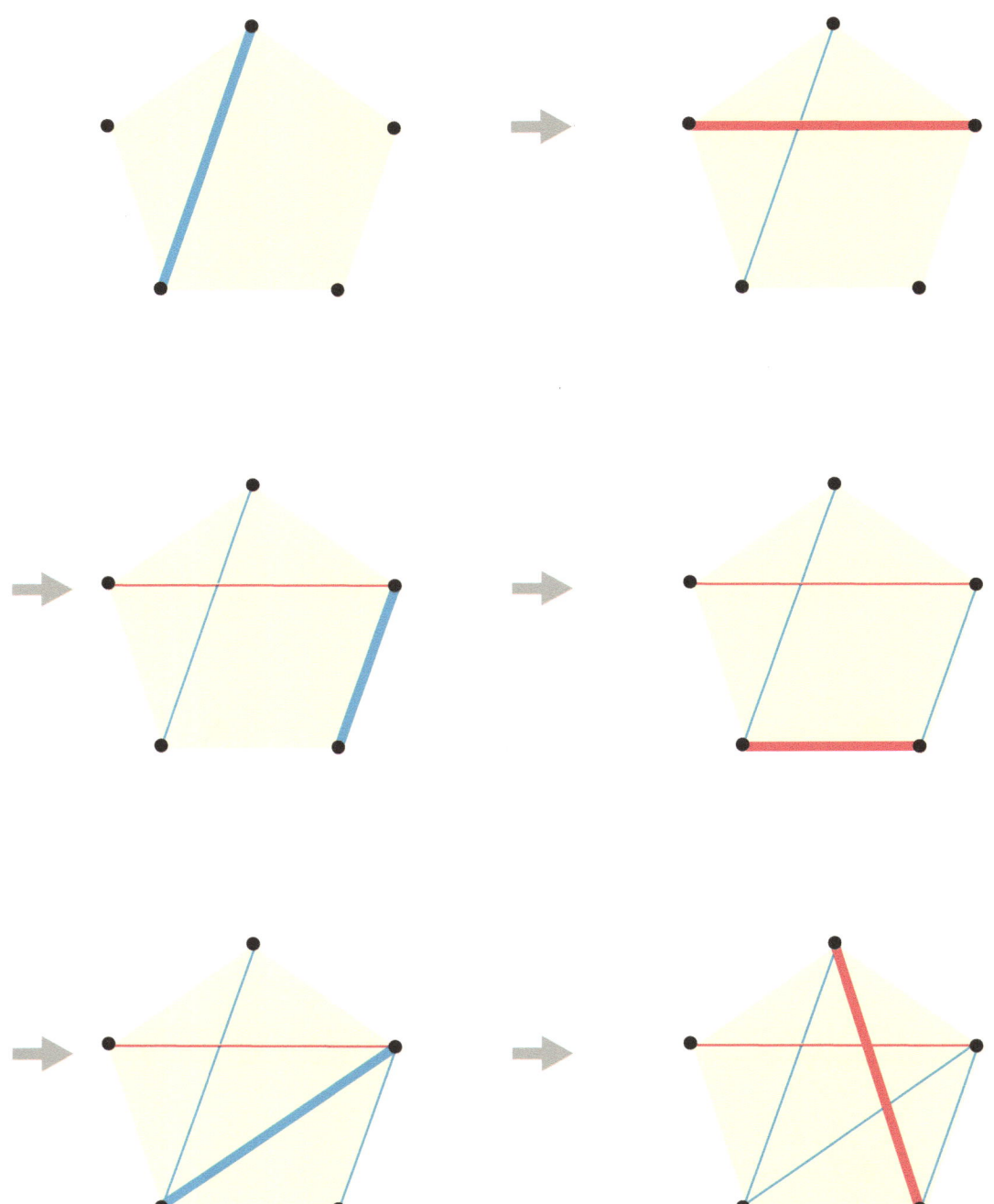

20

심 게임

놀이진행 점 5개

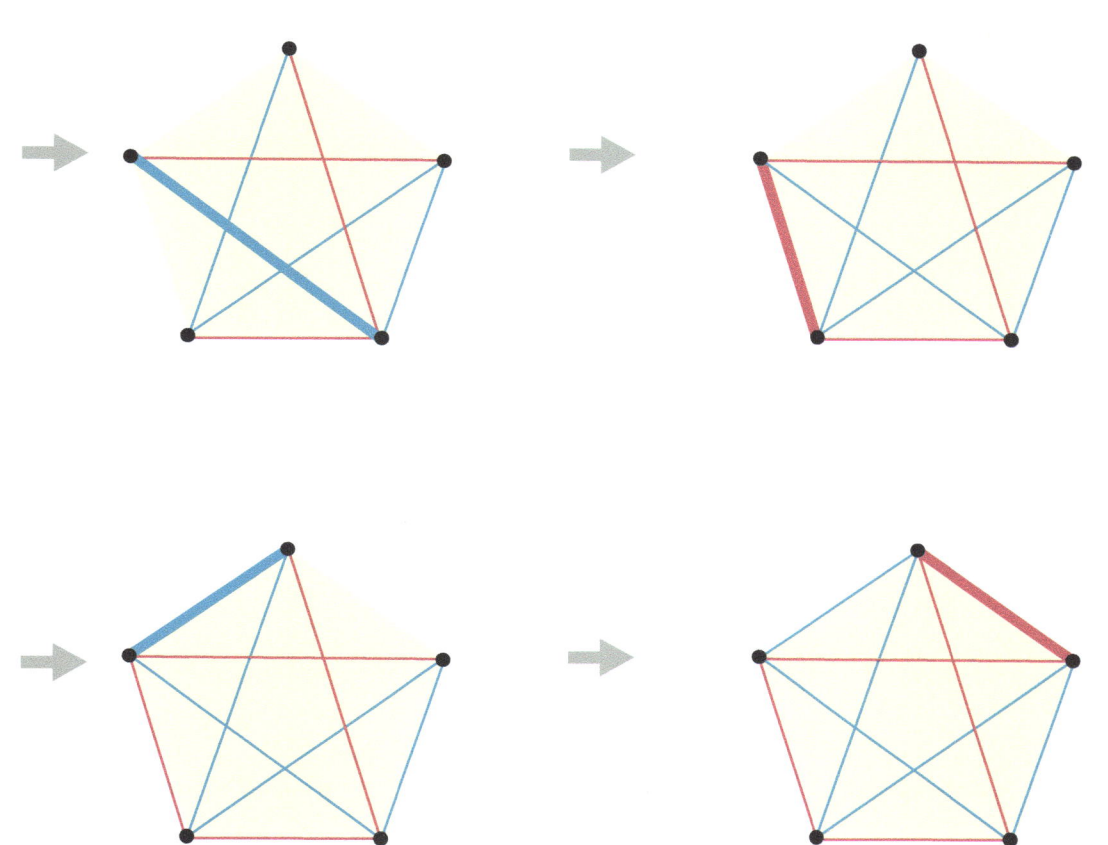

모든 선이 연결되었지만 빨간선도 파란선도
세점을 이어 삼각형을 만들지 못해서 무승부다.

심 게임

 점 6개

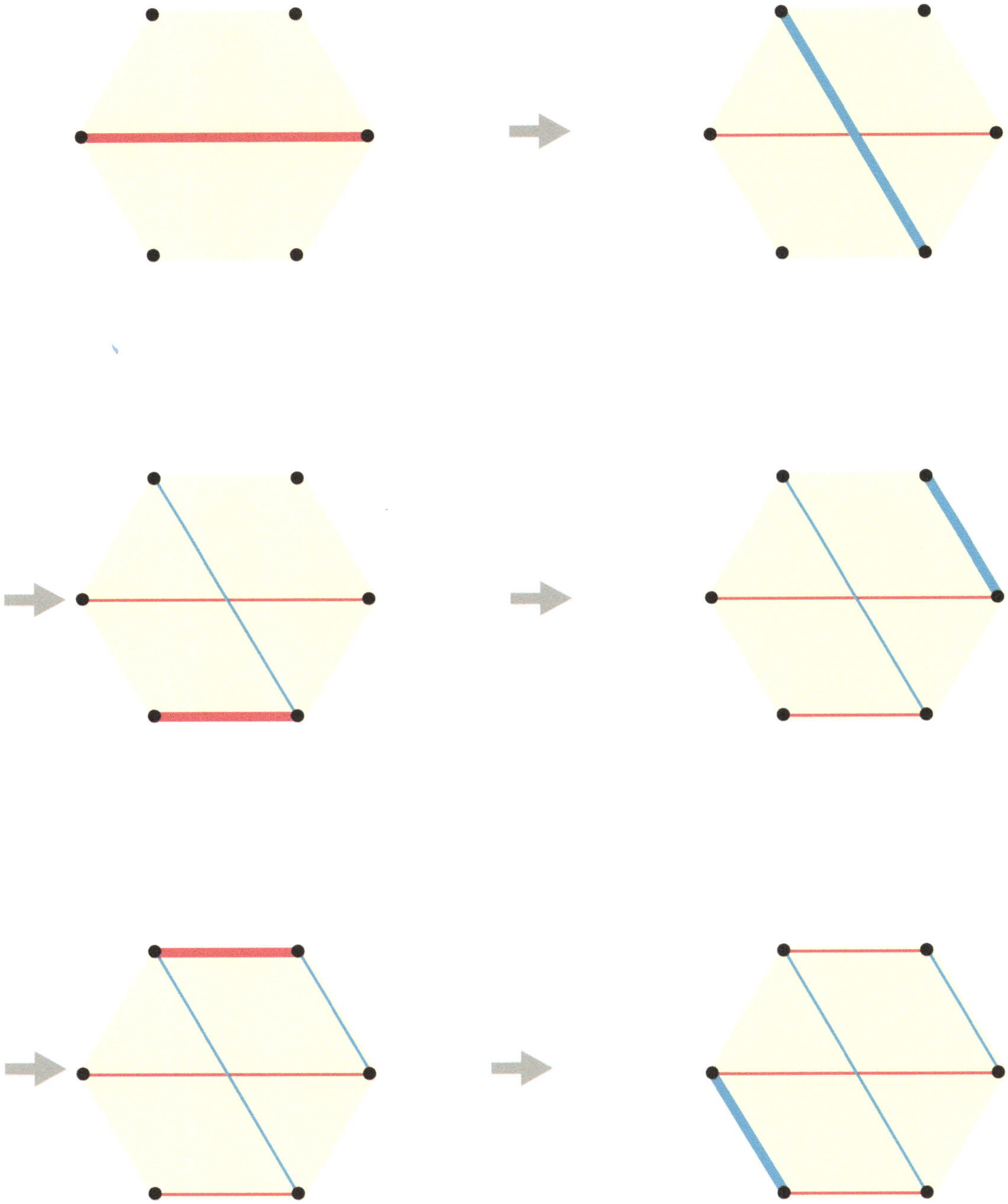

심 게임

놀이진행 점 6개

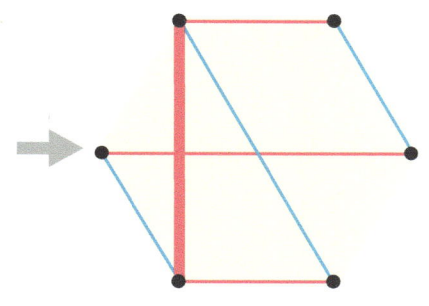 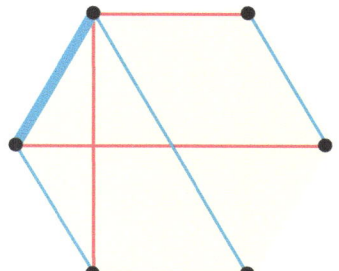

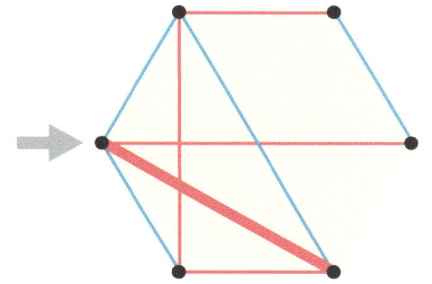 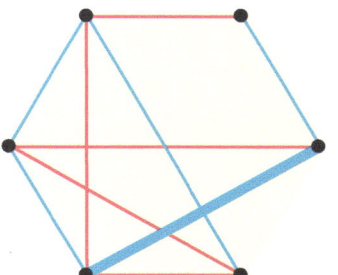

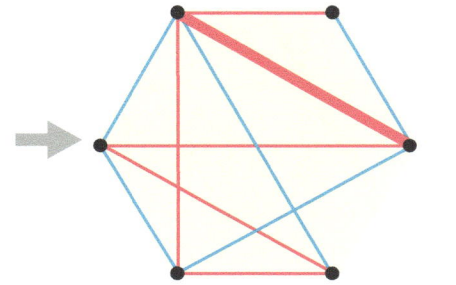  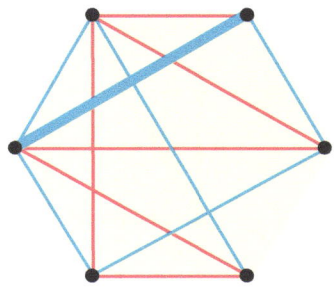

심 게임

놀이진행 점 6개

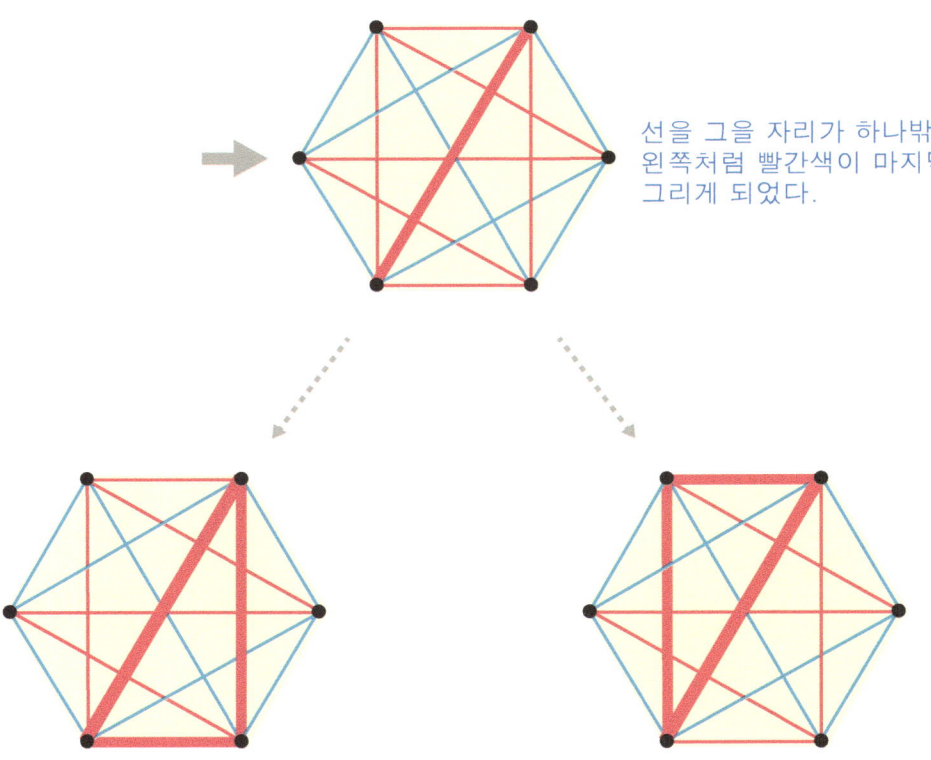

선을 그을 자리가 하나밖에 남지 않아 왼쪽처럼 빨간색이 마지막 선을 그리게 되었다.

파란색 선이 전략을 잘 세워 빨간색 선이 삼각형이 나올 수 밖에 없게 된다.

심 게임(점 5개)

심 게임(점 6개)

세포 분열

놀이목표

선으로 점을 연결하여 새로운 점을 만드는 게임이다.

놀이방법

1. 서로 번갈아가며 점과 점을 잇는다.

2. 연결한 선 가운데 새로운 점을 찍는다.

3. 더 이상 선을 만들 수 없으면 지게 된다.

Tip

· 새싹 게임이란 이름으로도 불린다.
· 영국의 수학자 콘웨이와 패터슨이 처음 만들었다고 한다.
· 무한히 게임이 진행될 것 같지만 쉽게 끝나기도 한다.
· 변형 게임이 여럿 존재한다.
· 한 점에서 시작하면 아래처럼 두 가지 경우로만 게임이 제한된다.

세포 분열

놀이규칙

1. 점을 선으로 연결한 후 선 가운데 새로운 점을 만든다.

2. 점을 연결할 때는 선의 모양은 곡선이어야 하며 모양은 상관없다.

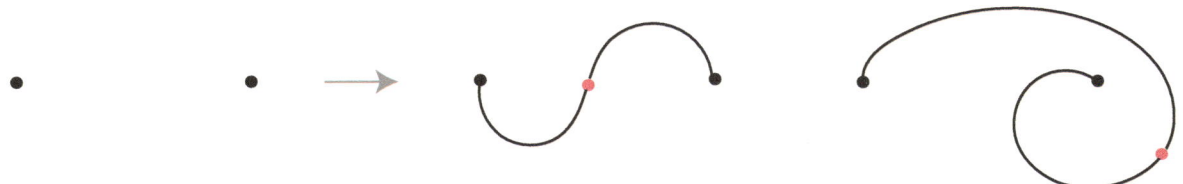

3. 한 점에서 원을 그리듯 자기 점의 위치로 돌아 올 수 있다.

4. 한 점에서 4개 이상의 선이 연결 될 수 없다.

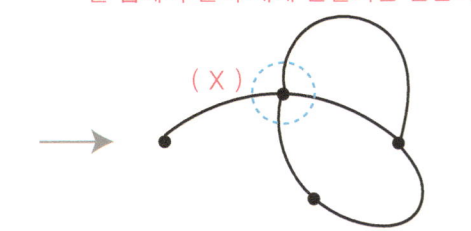

5. 선끼리 교차하면 안된다.

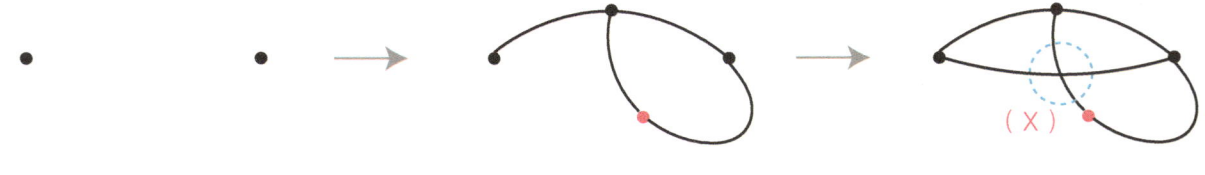

세포 분열

놀이진행 두 점 연결하기

(1)

(2)

(3)

(4)

(5)

(6)

⑤번 점과 더이상 연결할 수 있는 점이 없기 때문에
게임이 끝난다.
(한 점에는 선을 최대 세 개까지만 연결할 수 있다.)

세포 분열

놀이진행 세 점 연결하기

(1)

(2)

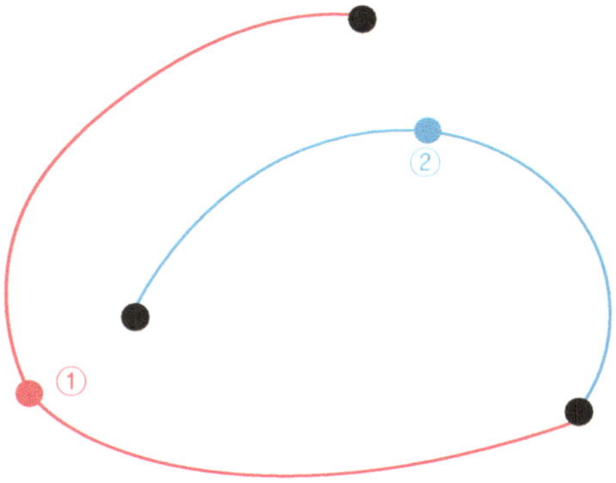

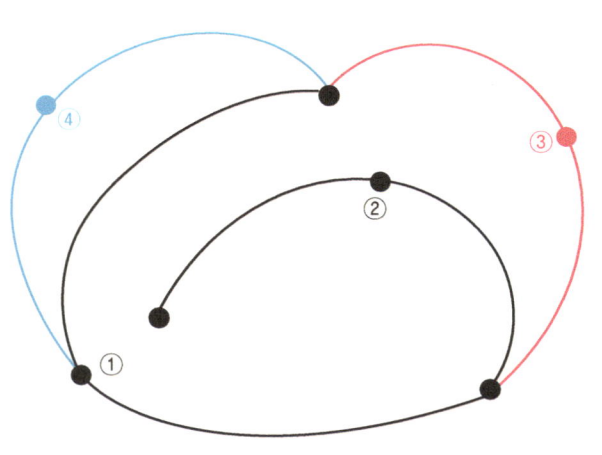

(3)

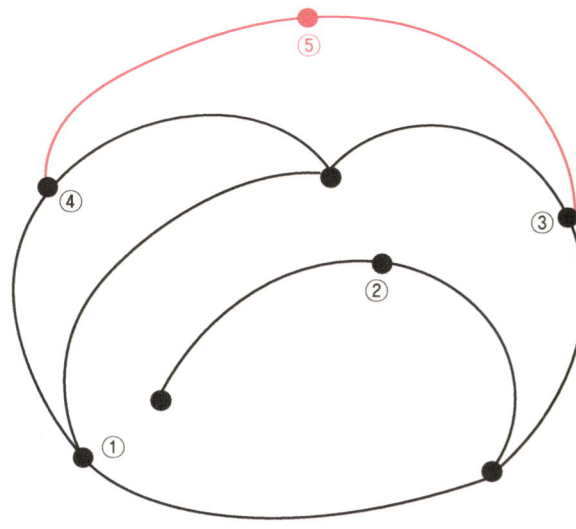

(4)

세포 분열

놀이진행 세 점 연결하기

(5)

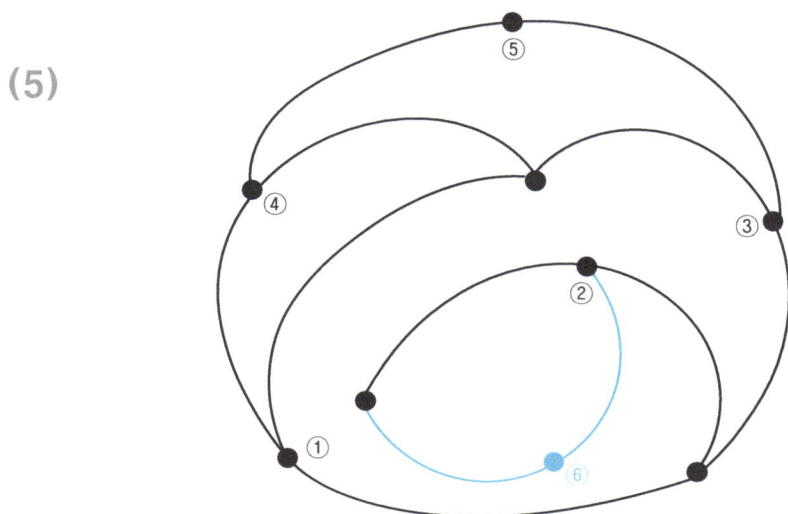

(3)

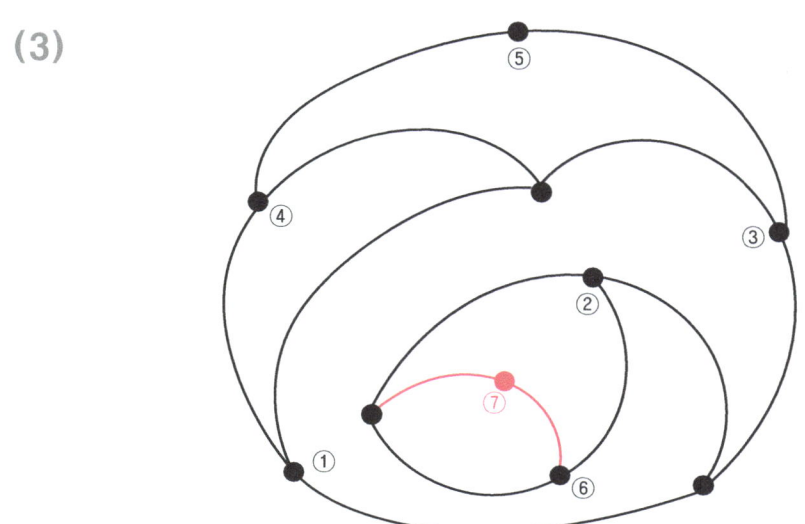

⑦번 점과 연결할 수 있는 점이 없기 때문에 게임이 끝난다. (⑤번과 연결하면 선끼리 교차해 규칙에 어긋난다.)

세포 분열

놀이진행 네 점 연결하기

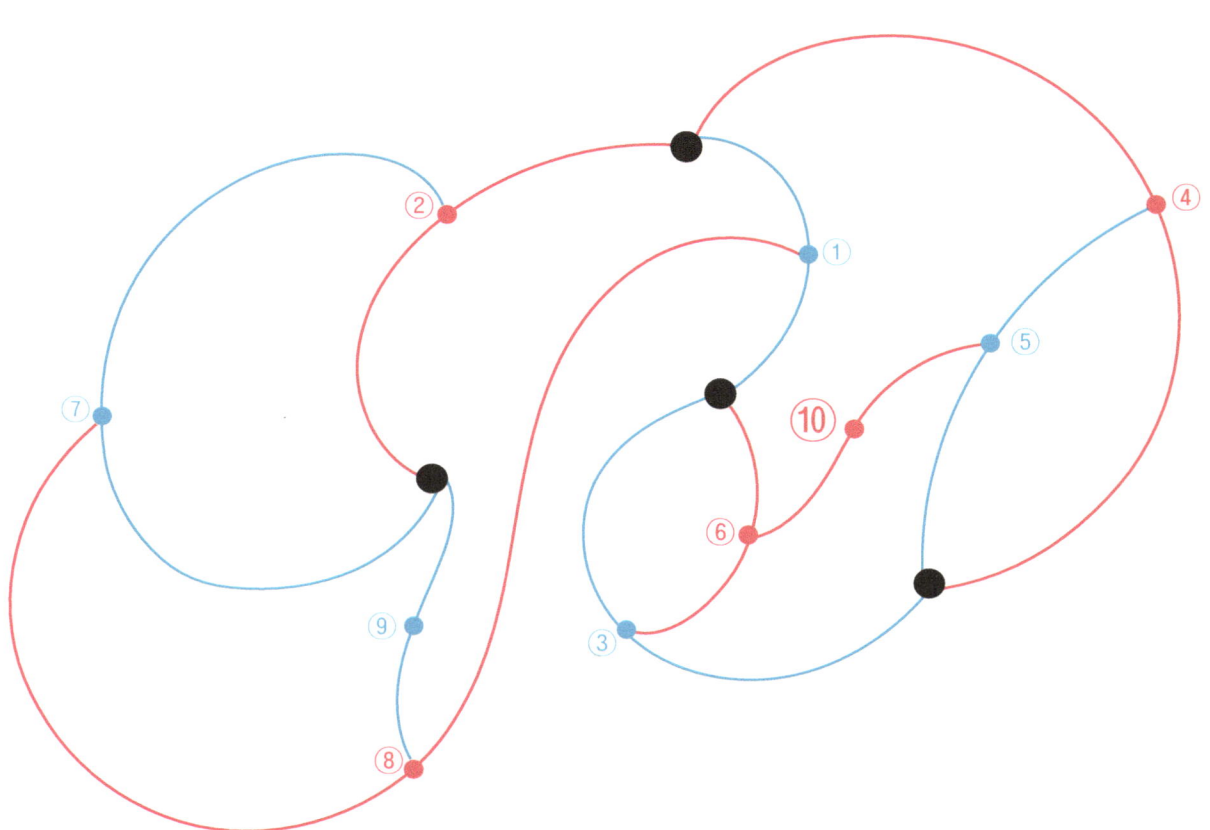

⑩번 점과 연결할 수 있는 나머지 점들에는 모두 선이 세 개씩 연결되어 있어서 더이상 연결할 수 있는 점이 없기 때문에 파란선을 선택한 사람이 지게 된다. (한 점에는 선을 최대 세 개까지 연결할 수 있다.)

세포 분열(두 점 연결하기)

세포 분열(세 점 연결하기)

세포 분열(네 점 연결하기)

스피드 미로 찾기

놀이목표

1부터 시작하여 21까지 숫자의 순서대로 미로같은 길을 찾아가는 게임이다.

놀이방법

1. 각각 똑같은 미로찾기 놀이판을 한장씩 가진다.
2. 시작과 동시에 1부터 수의 순서대로 길을 그리면서 21까지 먼저 도착하는 사람이 이기는 게임이다.

놀이판 관찰

7	6	3	2	1	2	3	4
8	5	4	3	2	3	4	5
7	6	8	6	5	4	7	6
9	9	8	7	7	5	8	7
11	10	13	8	8	6	9	8
14	11	12	13	9	17	18	19
13	12	14	14	15	16	20	20
14	15	17	15	16	18	19	21

Tip

일종의 스피드 게임이다.
수의 순서대로 실수없이 빠르게 1부터 21까지 먼저 가는 사람이 이긴다.
빈 종이에 스스로 숫자미로를 그려서 게임을 할 수도 있다.

스피드 미로 찾기

놀이진행.1 숫자미로를 바르게 찾아간 길의 예

7	6	3	2	1	2	3	4
8	5	4	3	2	3	4	5
7	6	8	6	5	4	7	6
9	9	8	7	7	5	8	7
11	10	13	8	8	6	9	8
14	11	12	13	9	17	18	19
13	12	14	14	15	16	20	20
14	15	17	15	16	18	19	21

7	6	3	2	1	2	3	4
8	5	4	3	2	3	4	5
7	6	8	6	5	4	7	6
9	9	8	7	7	5	8	7
11	10	13	8	8	6	9	8
14	11	12	13	9	17	18	19
13	12	14	14	15	16	20	20
14	15	17	15	16	18	19	21

스피드 미로 찾기

놀이진행.2   **숫자미로를 바르게 찾아간 길의 예**

7	6	1	2	3	4	5	6
8	5	2	3	4	3	4	5
7	6	3	6	5	6	7	8
8	5	4	11	14	5	8	9
9	10	11	12	15	6	9	10
14	11	12	13	16	15	14	11
17	16	15	14	17	16	13	12
18	17	18	19	18	19	20	21

7	6	1	2	3	4	5	6
8	5	2	3	4	3	4	5
7	6	3	6	5	6	7	8
8	5	4	11	14	5	8	9
9	10	11	12	15	6	9	10
14	11	12	13	16	15	14	11
17	16	15	14	17	16	13	12
18	17	18	19	18	19	20	21

스피드 미로 찾기

놀이진행.3 숫자미로를 잘못 찾아간 길의 예

7	6	1	2	3	4	5	6
8	5	2	3	4	3	4	5
7	6	3	6	5	6	7	8
8	5	4	11	14	5	8	9
9	10	11	12	15	6	9	10
14	11	12	13	16	15	14	11
17	16	15	14	17	16	13	12
18	19	20	19	18	19	20	21

7	6	1	2	3	4	5	6
8	5	2	3	4	3	4	5
7	6	3	6	5	6	7	8
8	5	4	11	14	5	8	9
9	10	11	12	15	6	9	10
14	11	12	13	16	15	14	11
17	16	15	14	17	16	13	12
18	19	20	19	18	19	20	21

미로를 찾아갈 때에는 다음 숫자가 연결되어 있는지 확인해야 한다.
20 다음에 21이 없어서 잘못 찾은 길이다.

스피드 미로 찾기. 1

7	6	3	2	1	2	3	4
8	5	4	3	2	3	4	5
7	6	8	6	5	4	7	6
9	9	8	7	7	5	8	7
11	10	13	8	8	6	9	8
14	11	12	13	9	17	18	19
13	12	14	14	15	16	20	20
14	15	17	15	16	18	19	21

두 명이 한장씩 나눠 가지세요.

스피드 미로 찾기. 1

7	6	3	2	1	2	3	4
8	5	4	3	2	3	4	5
7	6	8	6	5	4	7	6
9	9	8	7	7	5	8	7
11	10	13	8	8	6	9	8
14	11	12	13	9	17	18	19
13	12	14	14	15	16	20	20
14	15	17	15	16	18	19	21

스피드 미로 찾기. 2

7	6	1	2	3	4	5	6
8	5	2	3	4	3	4	5
7	6	3	6	5	6	7	8
8	5	4	11	14	5	8	9
9	10	11	12	15	6	9	10
14	11	12	13	16	15	14	11
17	16	15	14	17	16	13	12
18	19	20	19	18	19	20	21

------ 두 명이 한장씩 나눠 가지세요. ------

스피드 미로 찾기. 2

7	6	1	2	3	4	5	6
8	5	2	3	4	3	4	5
7	6	3	6	5	6	7	8
8	5	4	11	14	5	8	9
9	10	11	12	15	6	9	10
14	11	12	13	16	15	14	11
17	16	15	14	17	16	13	12
18	19	20	19	18	19	20	21

자동차 여행(길 만들기)

놀이목표

길을 만들면서 출발점에서 도착점까지 가는 게임이다.

놀이방법

1. 출발점에서 시작하여 번갈아 가며 길을 그린다.
2. 길을 만들 때는 먼저 만들어진 길에 연결하여 만든다.
3. 길을 만들 때 놀이판의 끝으로 연결되면 더이상 길을 만들 수 없어 지게 된다.
4. 도착점까지 먼저 가면 이기게 된다.

길의 종류

길을 만들 때는 아래와 같은 길 모양만 허용된다.

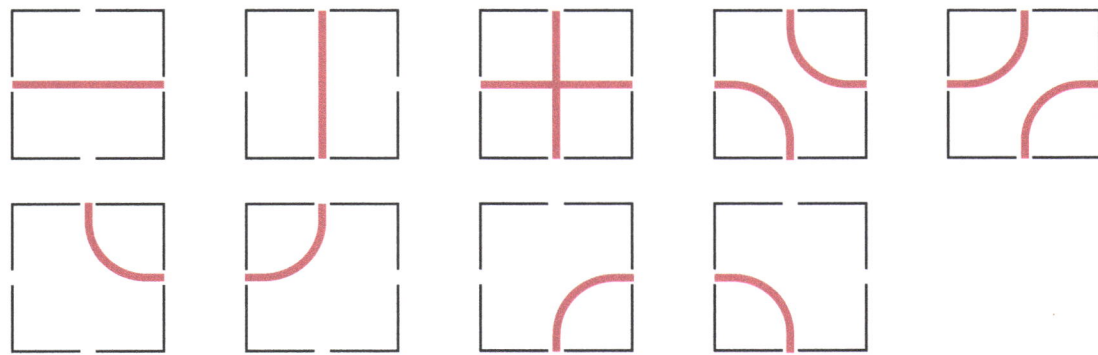

Tip

자동차 여행이라는 교구를 이용한 블록놀이를 지면으로 옮긴 게임이다. 규칙에 따라 전략을 세워 길을 만들어 나가는 것이 중요하다.

자동차 여행(길 만들기)

놀이규칙

1. 시작은 아래 그림처럼 직선 또는 곡선의 길로 시작해야 한다.

2. 길은 반드시 먼저 만들어진 길과 연결해서 만들어 나가야 한다.

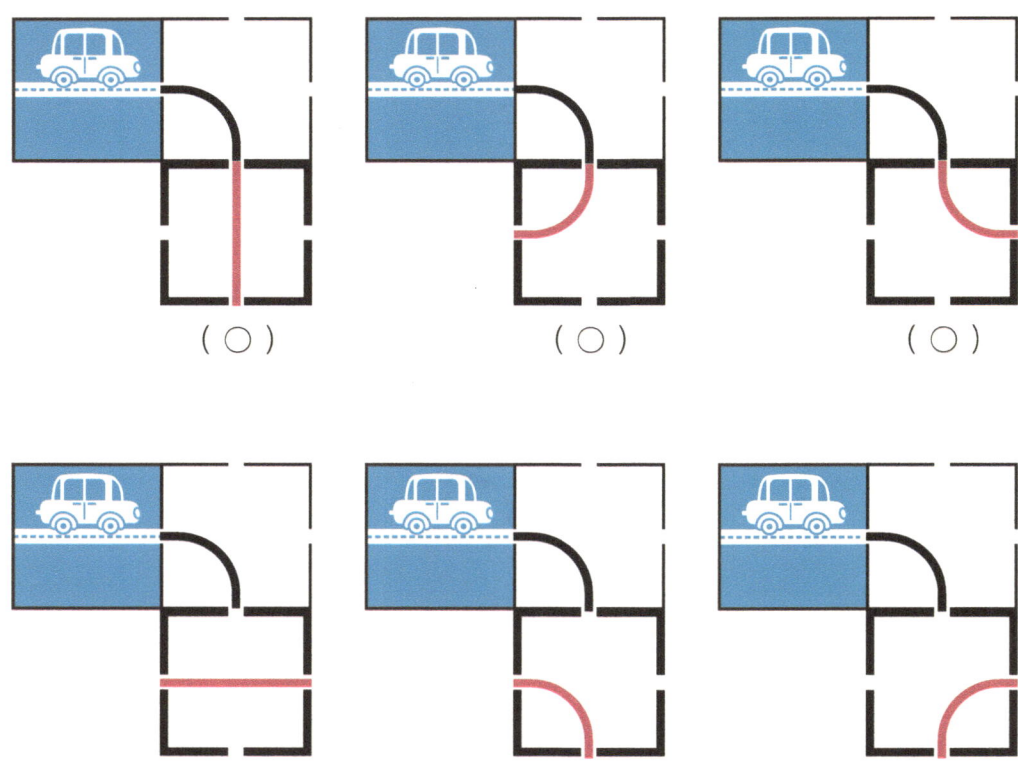

자동차 여행(길 만들기)

놀이규칙

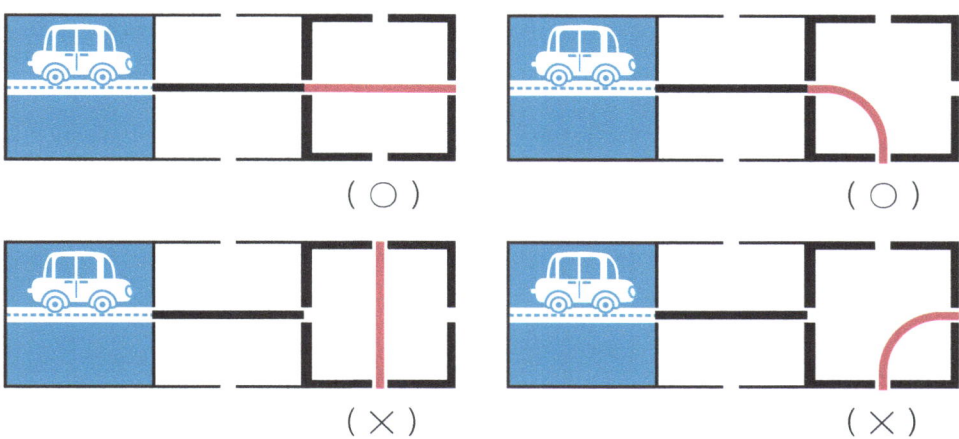

3. 길을 만들 때는 항상 상대방이 다음 길을 그릴 수 있도록 그려야 한다. (어쩔수 없이 길이 끊어져 상대방이 길을 만들 수 없게 그리면 지게 된다.

4. 직선길은 교차할 수 있으나 직선과 곡선길은 서로 같은 길로 나갈 수 없다.

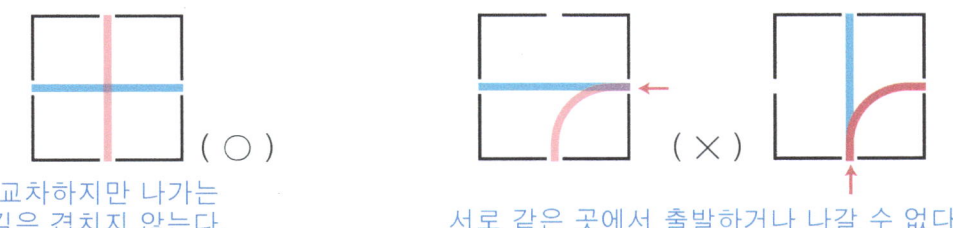

자동차 여행(길 만들기)

놀이진행 집에 도착한 경우

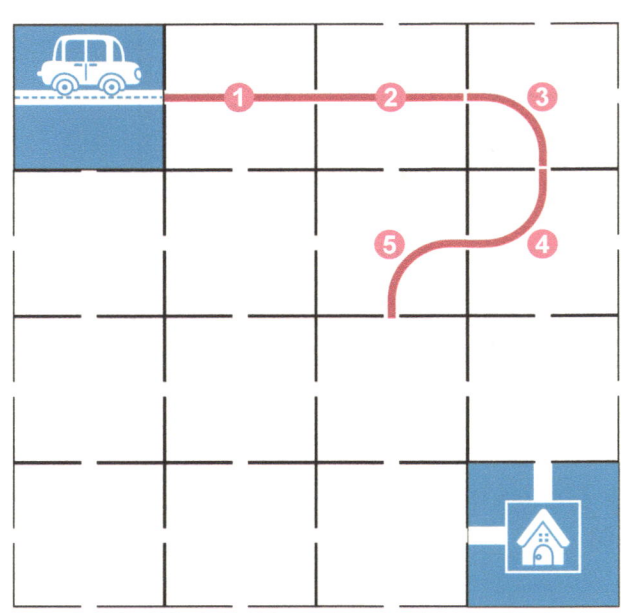

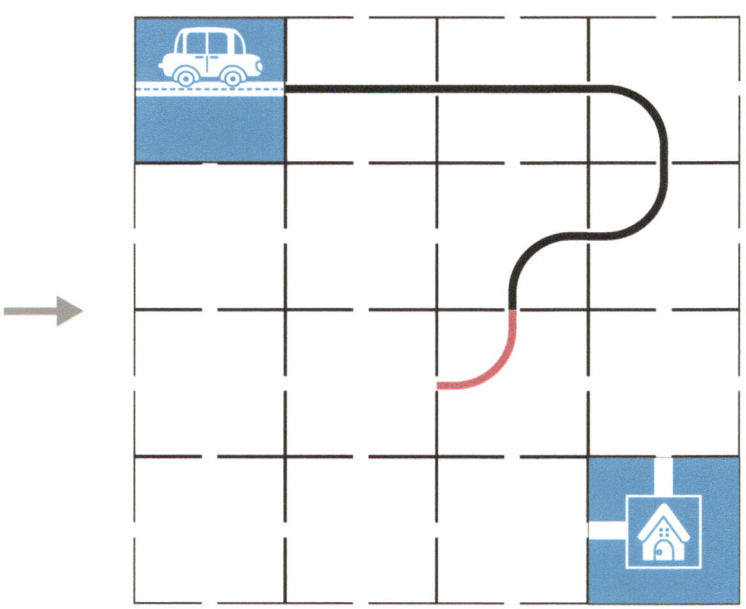

자동차 여행(길 만들기)

놀이진행 집에 도착한 경우

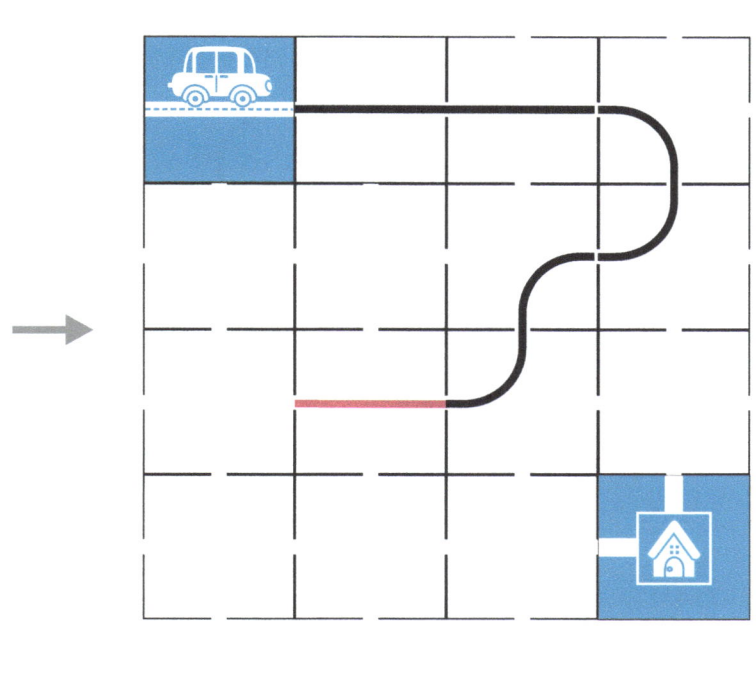

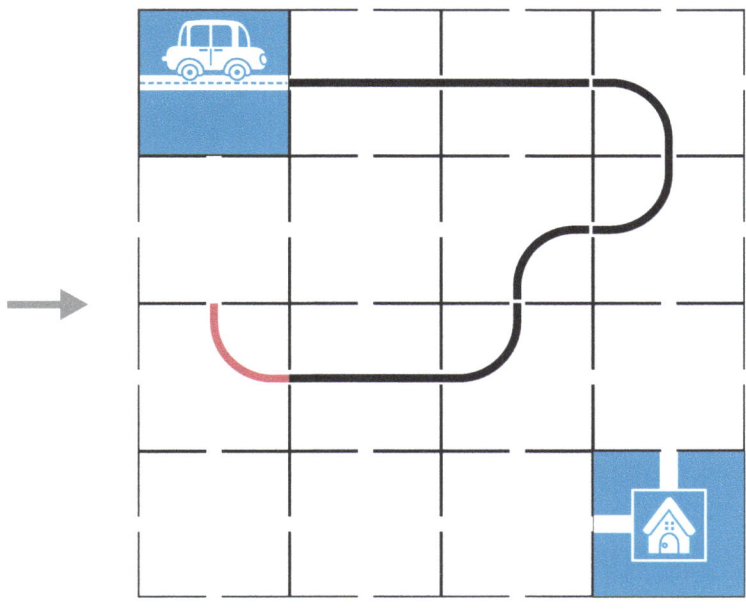

자동차 여행(길 만들기)

놀이진행 집에 도착한 경우

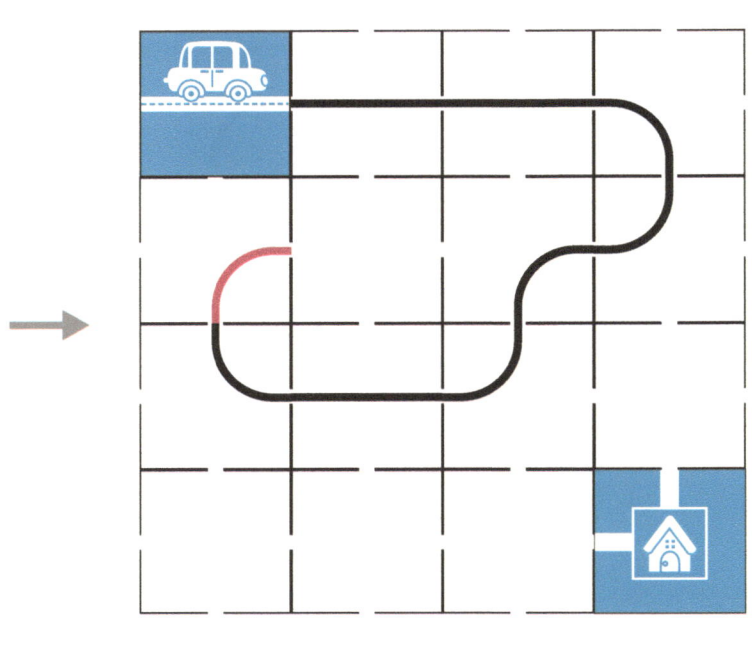

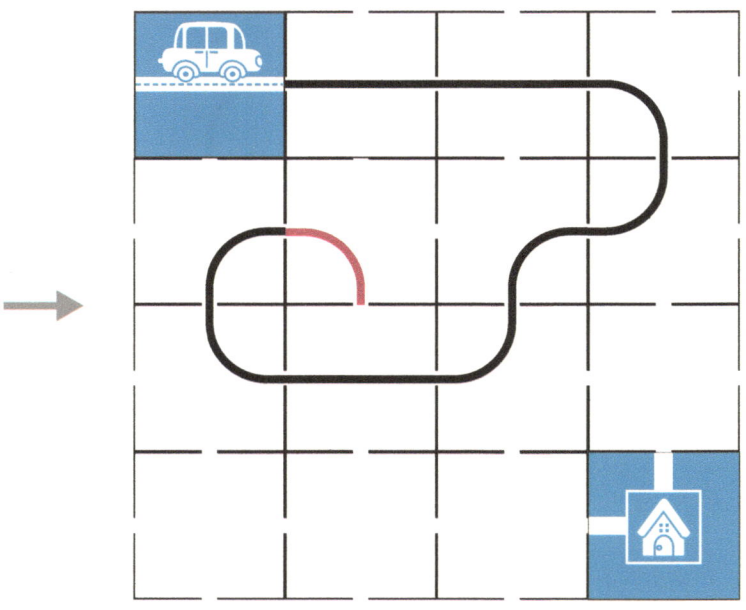

자동차 여행(길 만들기)

놀이진행 집에 도착한 경우

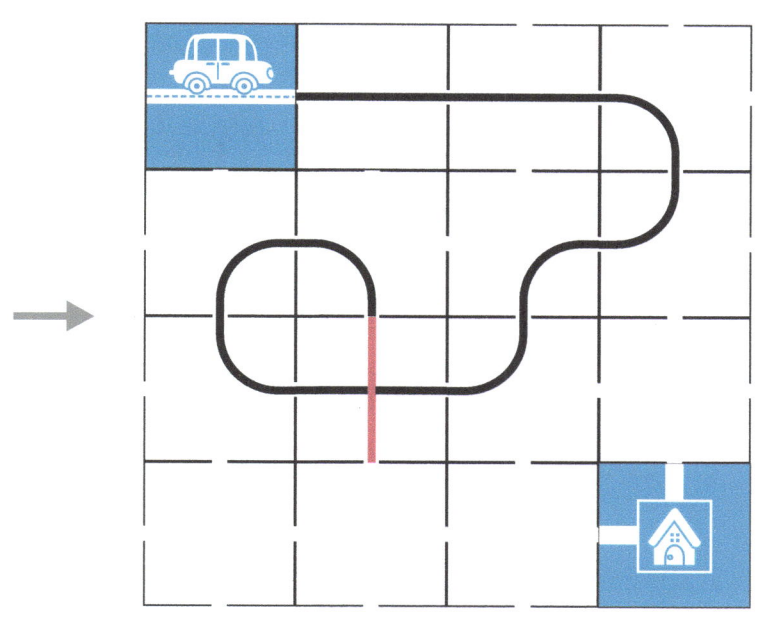

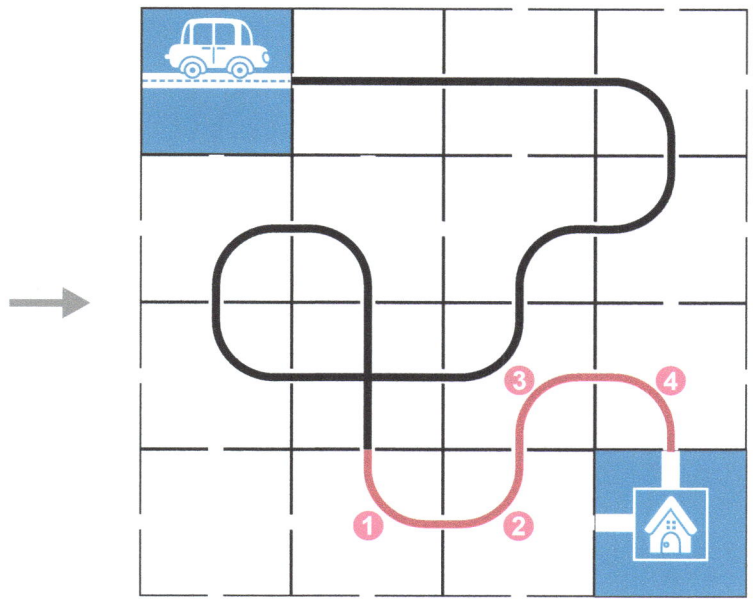

자동차 여행(길 만들기)

놀이진행 집에 도착하지 못한 경우

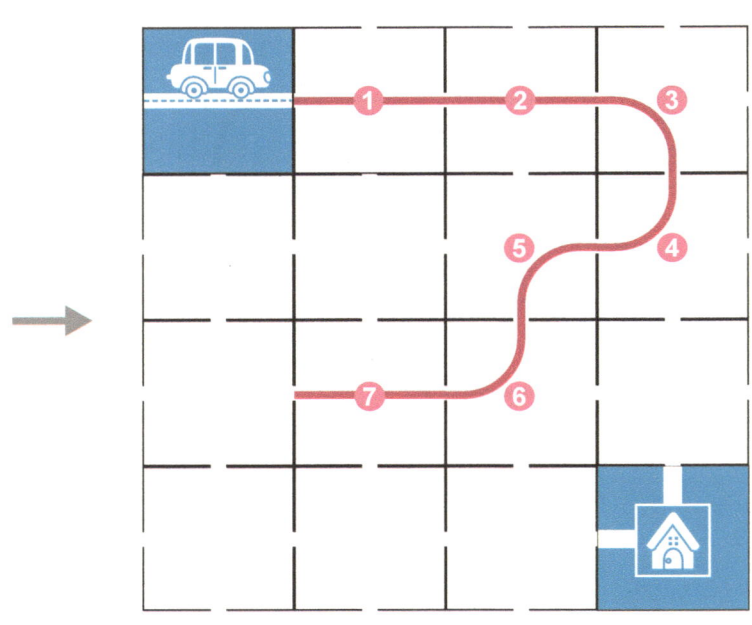

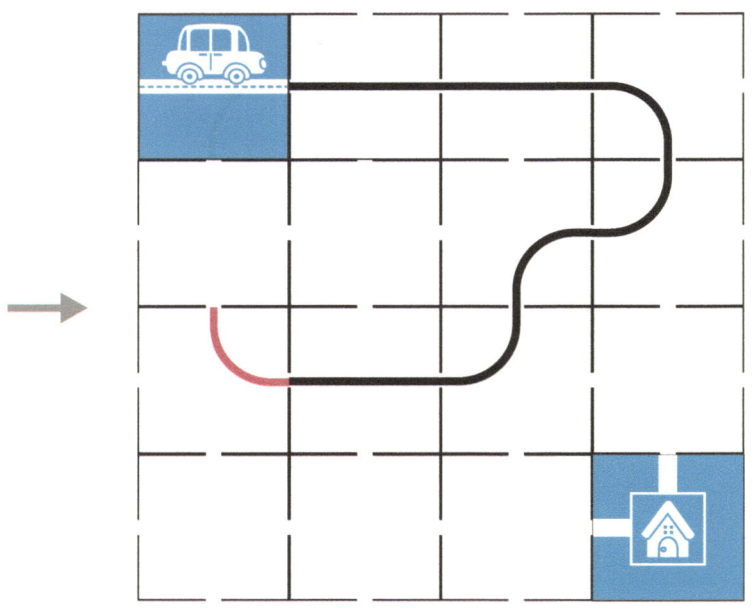

자동차 여행(길 만들기)

놀이진행 집에 도착하지 못한 경우

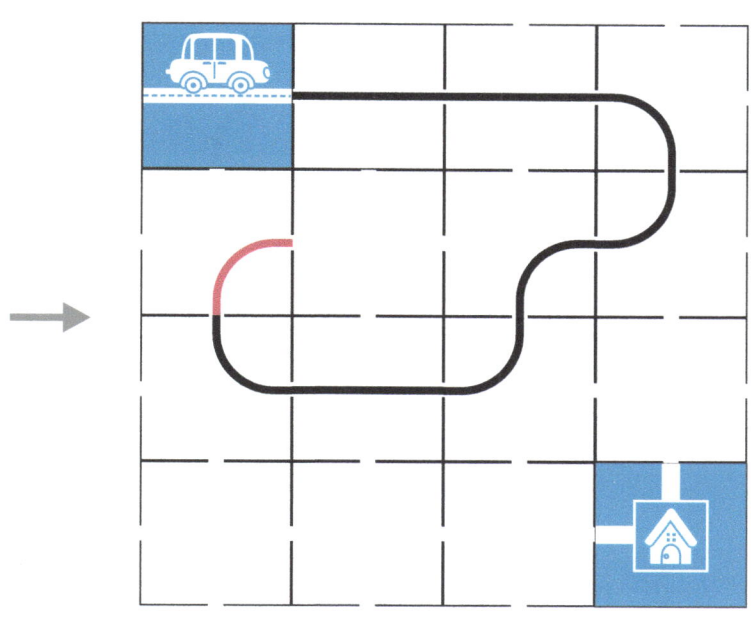

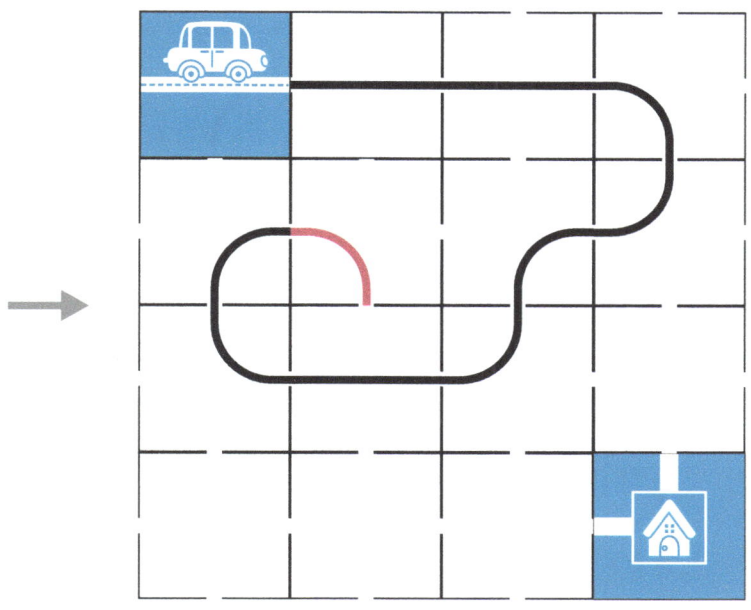

자동차 여행(길 만들기)

놀이진행 집에 도착하지 못한 경우

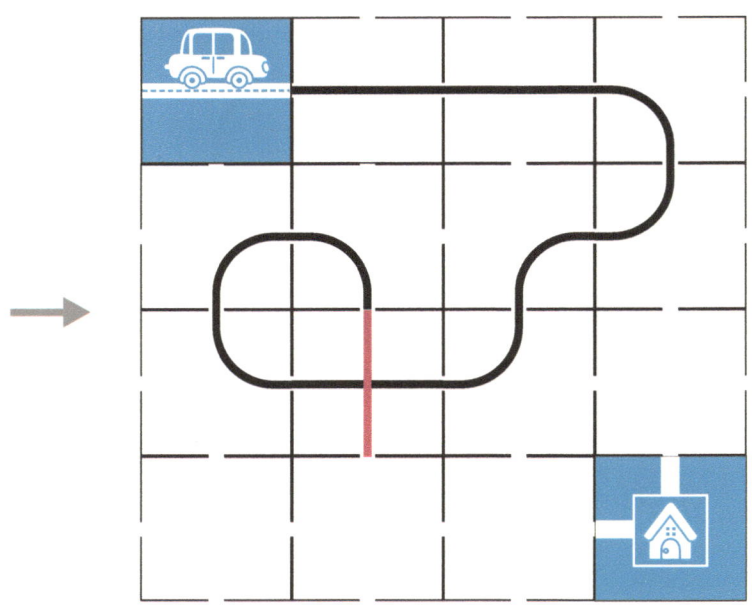

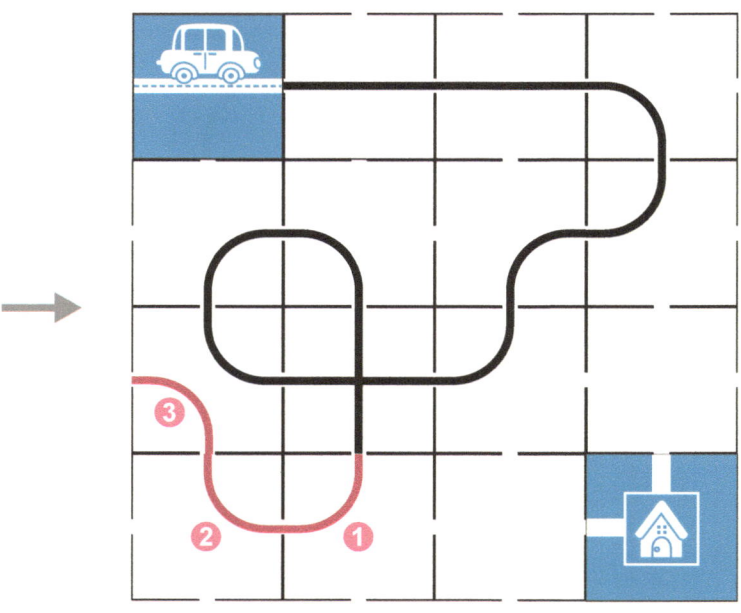

1번처럼 연결하면 더이상 길을 만들 수 없어 게임이 끝난다.

자동차 여행(길 만들기).1

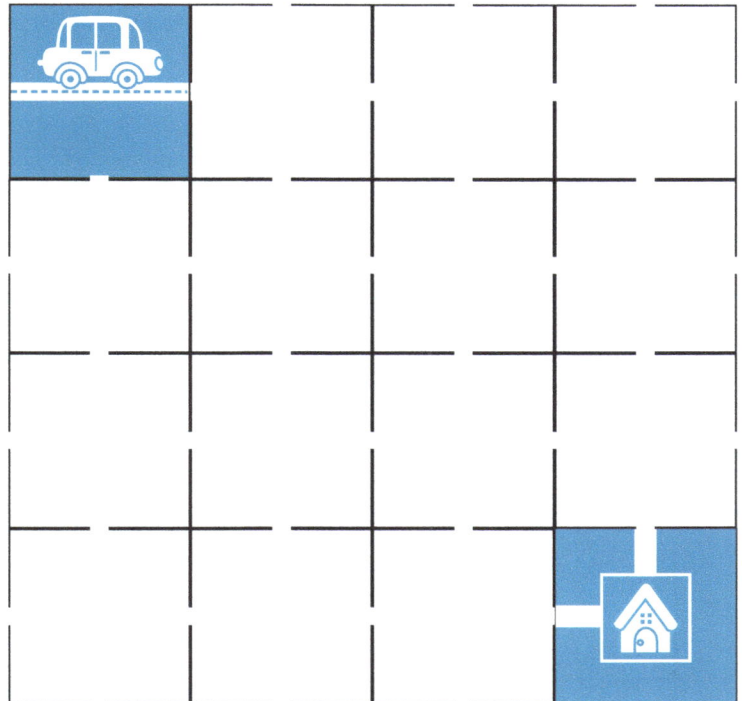

자동차 여행(길 만들기).2

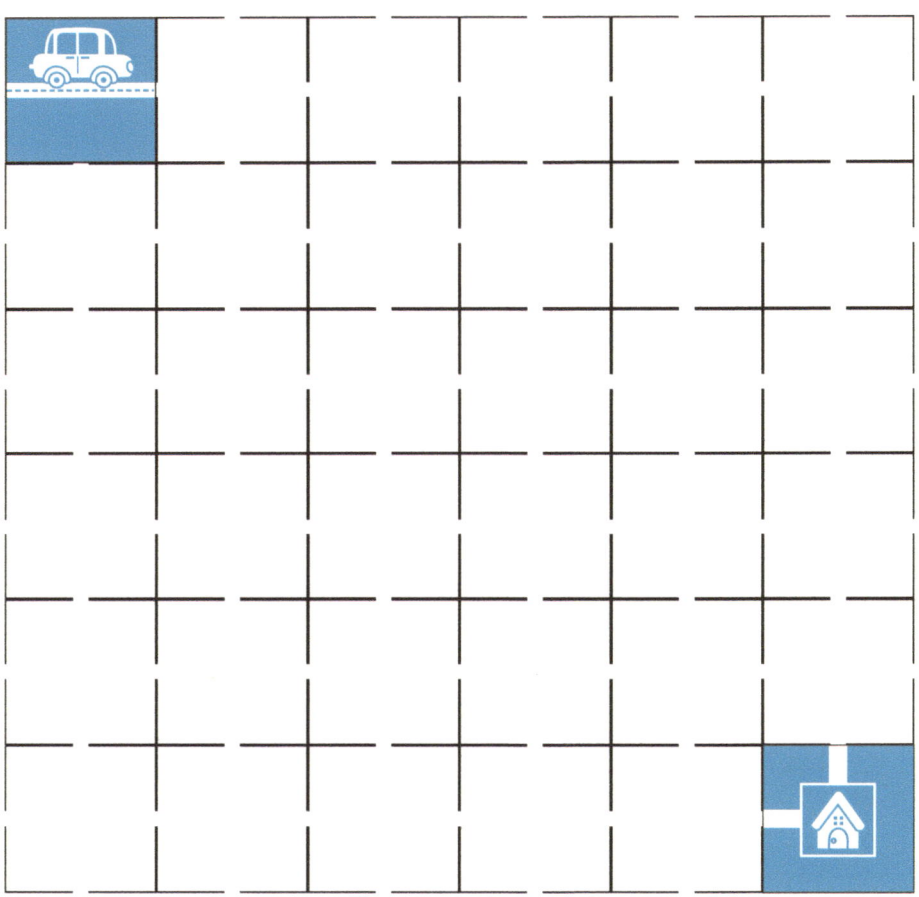

자동차 여행(길 만들기).3

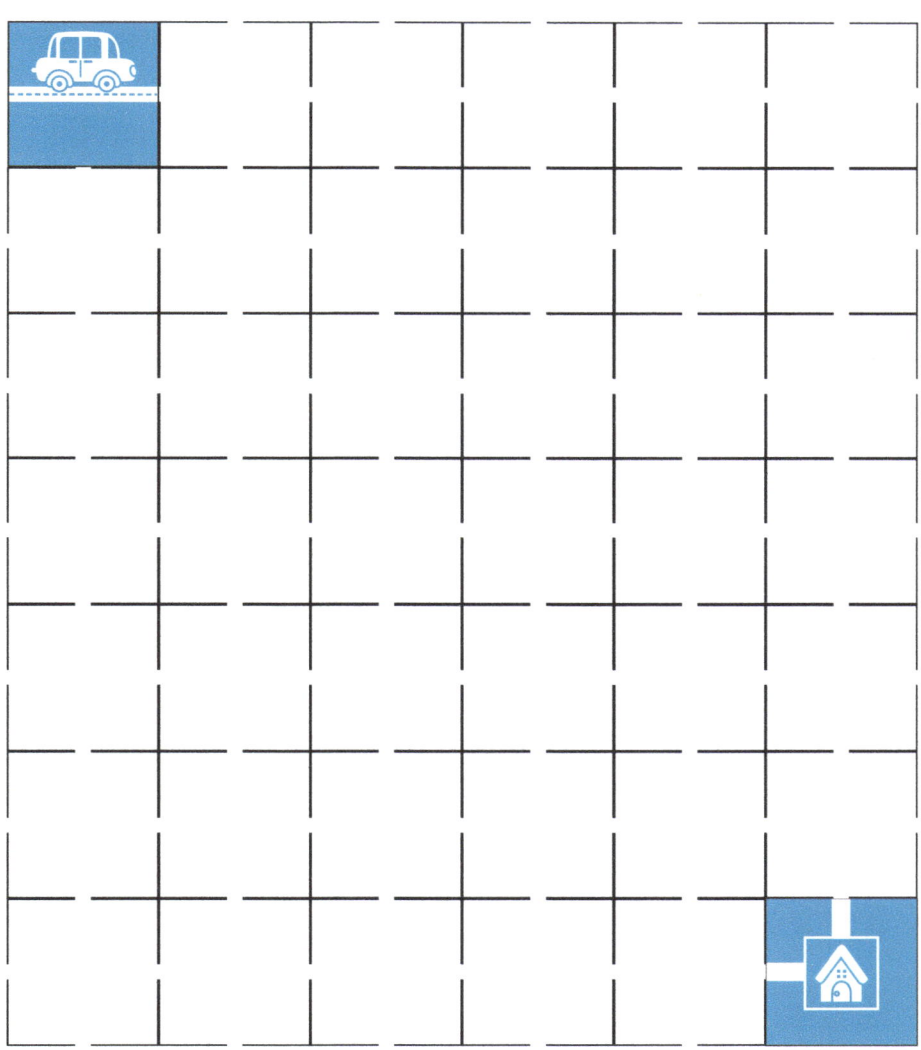

자동차 여행(길 만들기).4

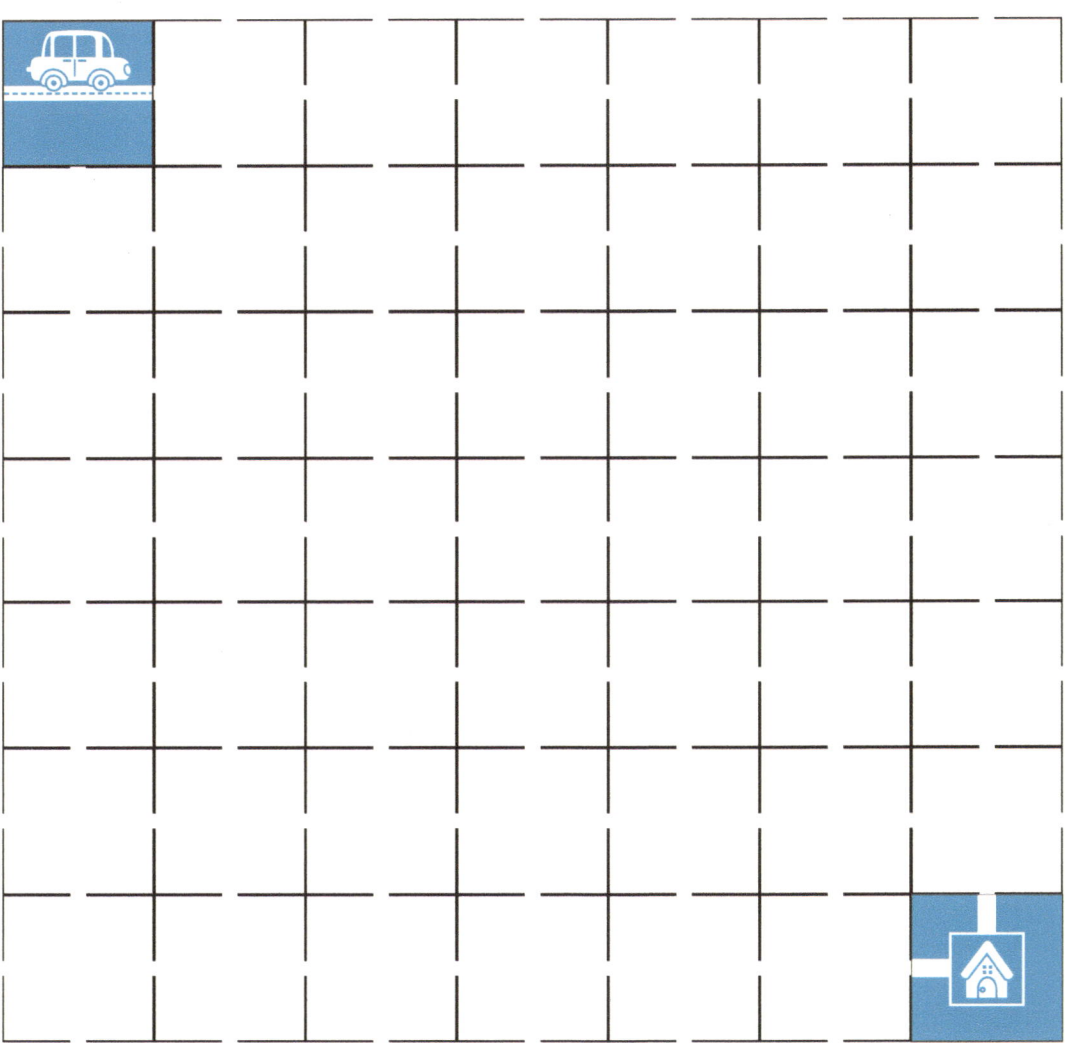

사다리타기

놀이목표

시작점과 도착점을 일 대 일로 연결하는 게임이다.

놀이방법

1. 각자 시작점을 정한다.
2. 사다리타기 선을 따라 내려가면서 도착점의 점수를 확인한다.
3. 도착점의 점수의 합이 높은 사람이 이기는 게임이다.

놀이규칙

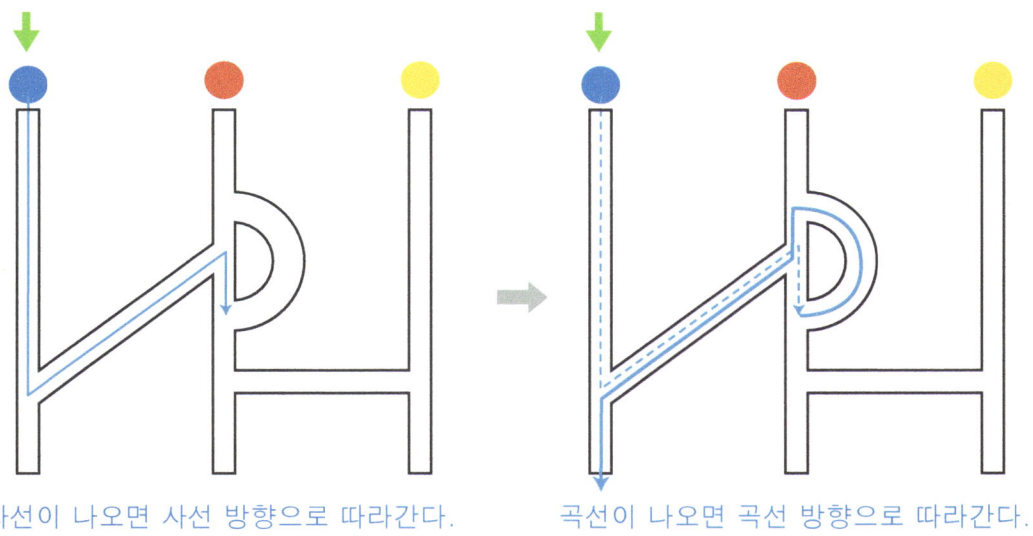

사선이 나오면 사선 방향으로 따라간다.   곡선이 나오면 곡선 방향으로 따라간다.

Tip

일 대 일 랜덤게임이다.
특별한 전략이 필요한 것은 아니고 시작점에서 도착점의 점수 등을 연결해 주는 게임이다. 가장 오래된 일 대일 매칭 게임 중 하나이다.

사다리타기

놀이진행

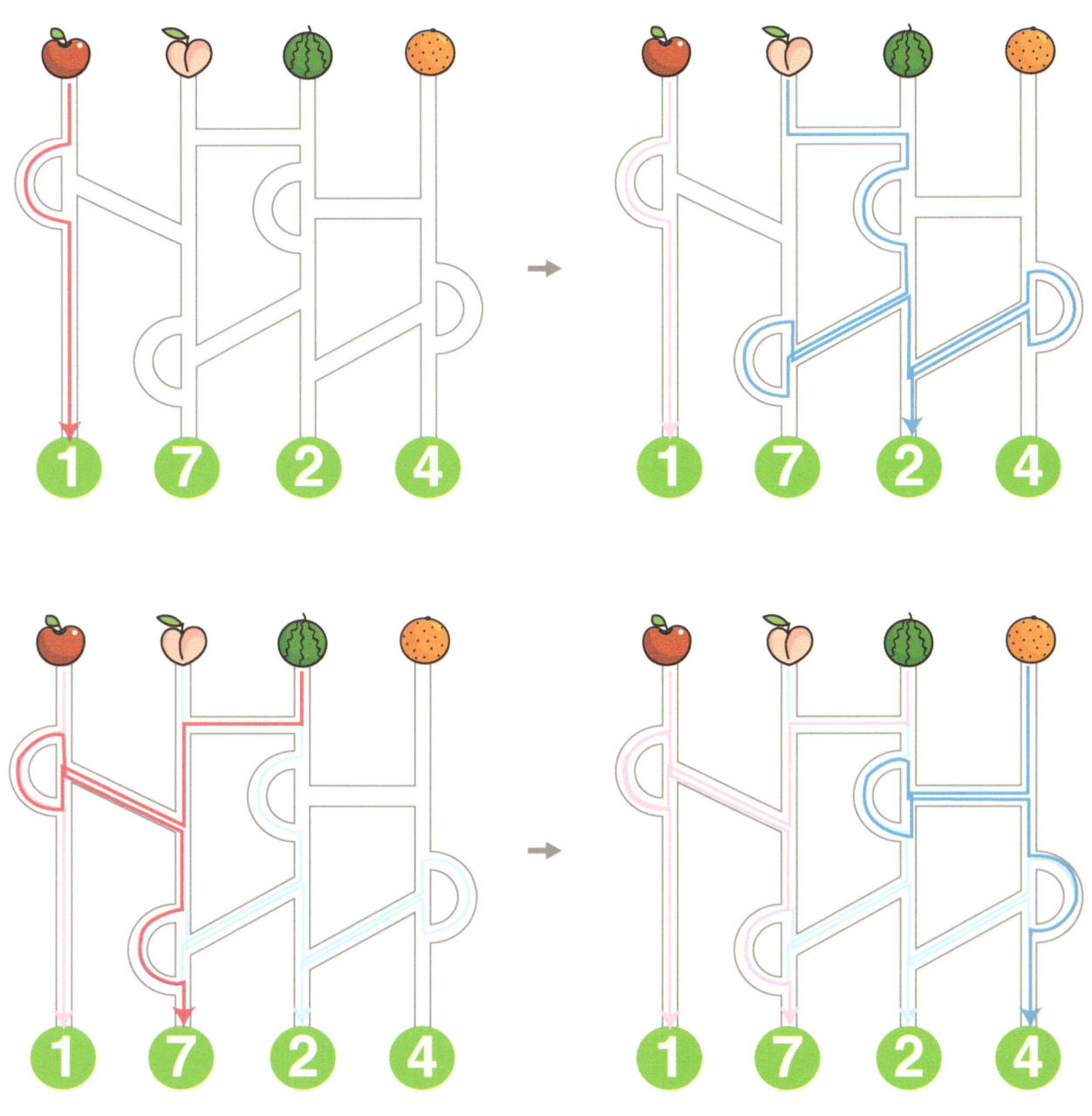

빨간선이 1점 7점을 얻어 8점이 되어 이겼다.
파란선이 2점 4점을 얻어 6점이 되어 졌다.

사다리타기. 1

사다리타기. 2

사다리타기. 3

사다리타기. 4

연필로 하는 수학 보드게임

점 잇기

- ▶ 두 점 잇기
- ▶ 살금살금 점 잇기
- ▶ 세 점 잇기
- ▶ 십자 세점 잇기
- ▶ 막다른 길 만들기1
- ▶ 막다른 길 만들기2
- ▶ 좌충우돌 집찾기
- ▶ 테트로라인 잇기
- ▶ 스위칭 게임

두 점 잇기

놀이목표

점과 점을 이어서 더이상 점을 잇지 못하도록 하는 게임이다.

놀이방법

1. 서로 번갈아가며 놀이판의 두 점을 잇는다. 가로, 세로, 대각선 모두 가능하다.

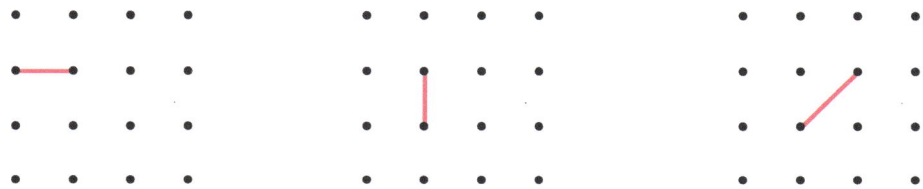

2. 선끼리 교차하거나 점을 공유할 수 없다.

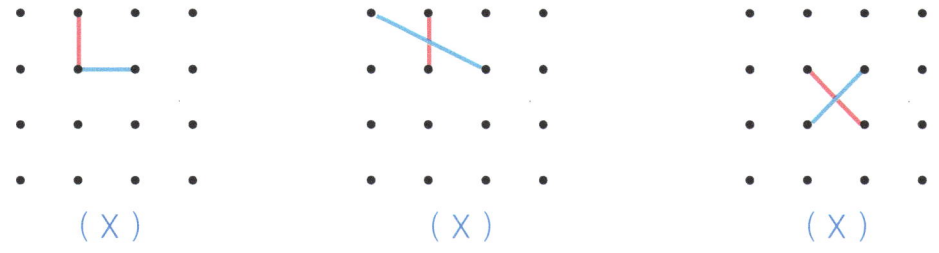

(X)　　　　　　(X)　　　　　　(X)

3. 더이상 두 점을 선으로 이을 수 없으면 지게 된다.

Tip

아주 오래된 연결게임 중 하나다. 가장 기본이 되는 게임인 반면 흥미도 충분히 있다. 게임이 진행되면서 남아 있는 점들을 고려하여 상대방이 두 점을 잇지 못하도록 하는 전략을 구상해야 한다.

두 점 잇기

놀이목표

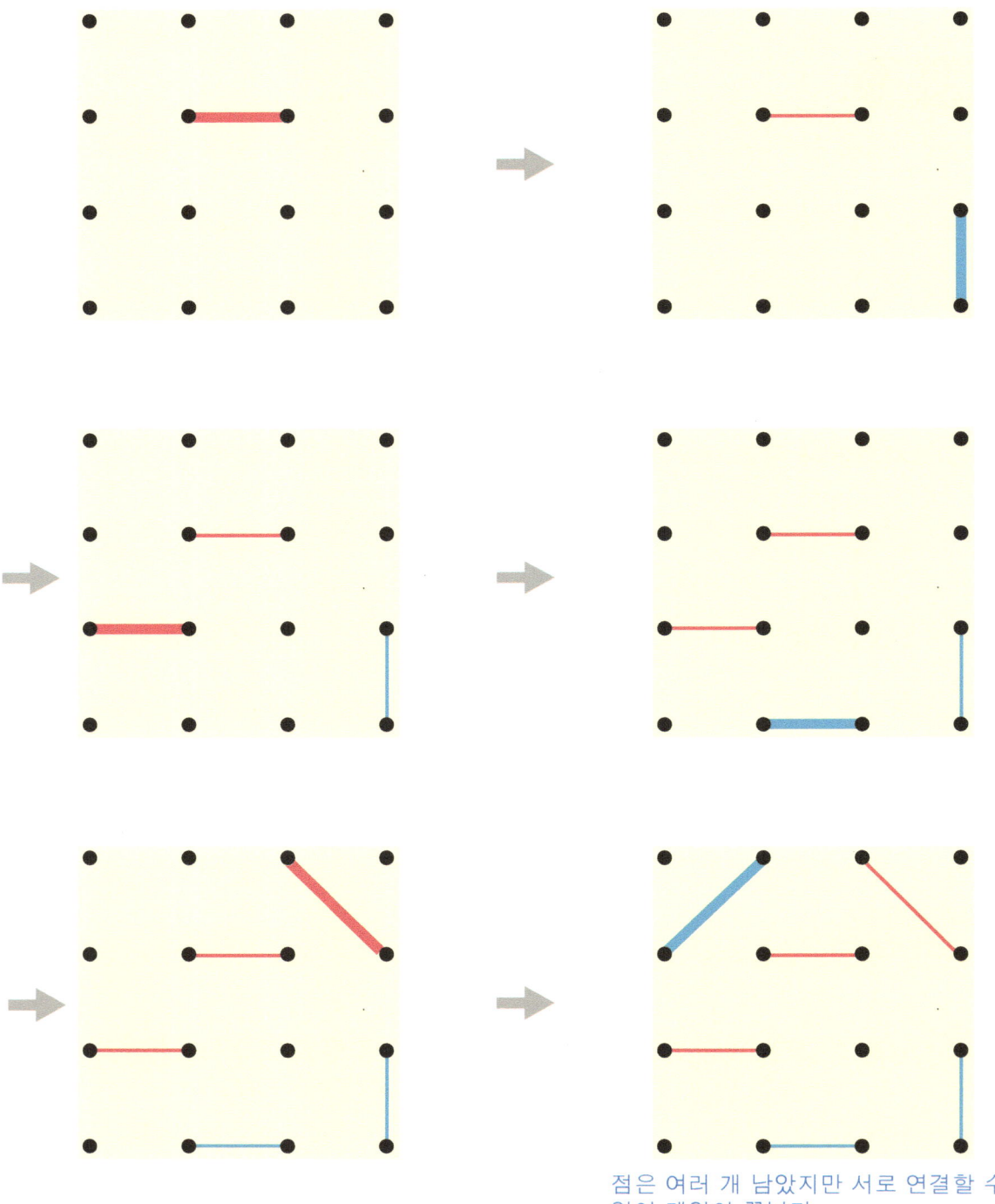

점은 여러 개 남았지만 서로 연결할 수 없어 게임이 끝났다.

두점 잇기.1

두점 잇기.2

두점 있기.3

살금살금 점잇기

놀이목표

점과 점을 직선으로 이어가는 게임이다.

놀이방법

1. 서로 번갈아가며 점 두개, 또는 세개를 가로와 세로로만 연결한다.

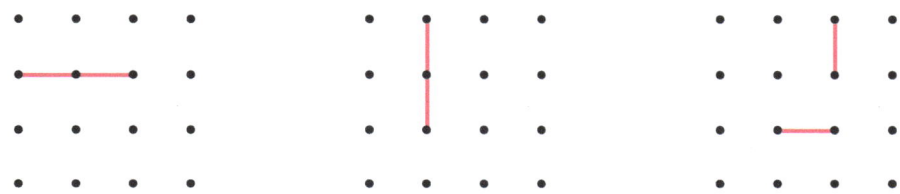

2. 선이 교차하거나 연결되면 안된다.

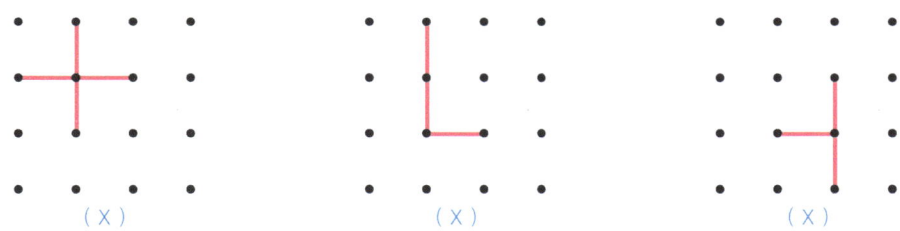

3. 더이상 선을 만들 수 없는 사람이 지게 된다.

Tip

점을 연결할 때는 두 점을 연결하느냐 세 점을 연결하느냐가 중요하다. 어떻게 연결하느냐에 따라 남은 점의 수가 달라져 만들 수 있는 선의 수가 변하기 때문이다. 제한된 점의 수를 활용하는 전략적 사고가 중요하다.

살금살금 점잇기

놀이진행

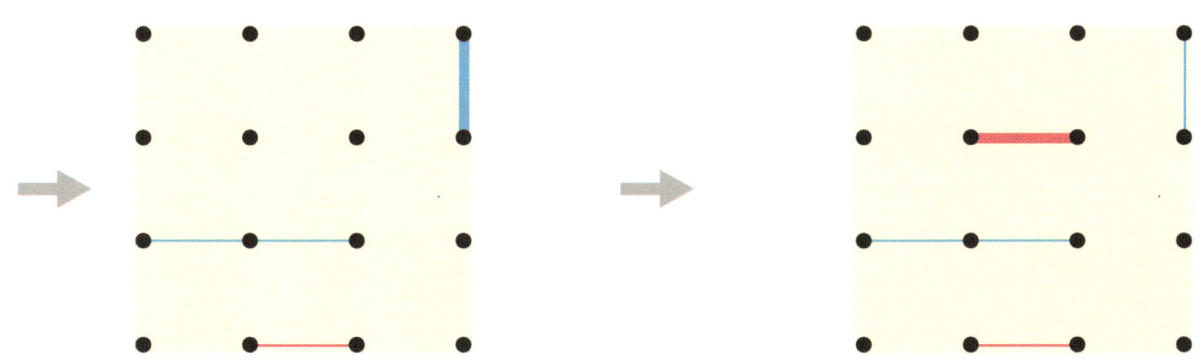

살금살금 점잇기

놀이진행

(가)   (나)

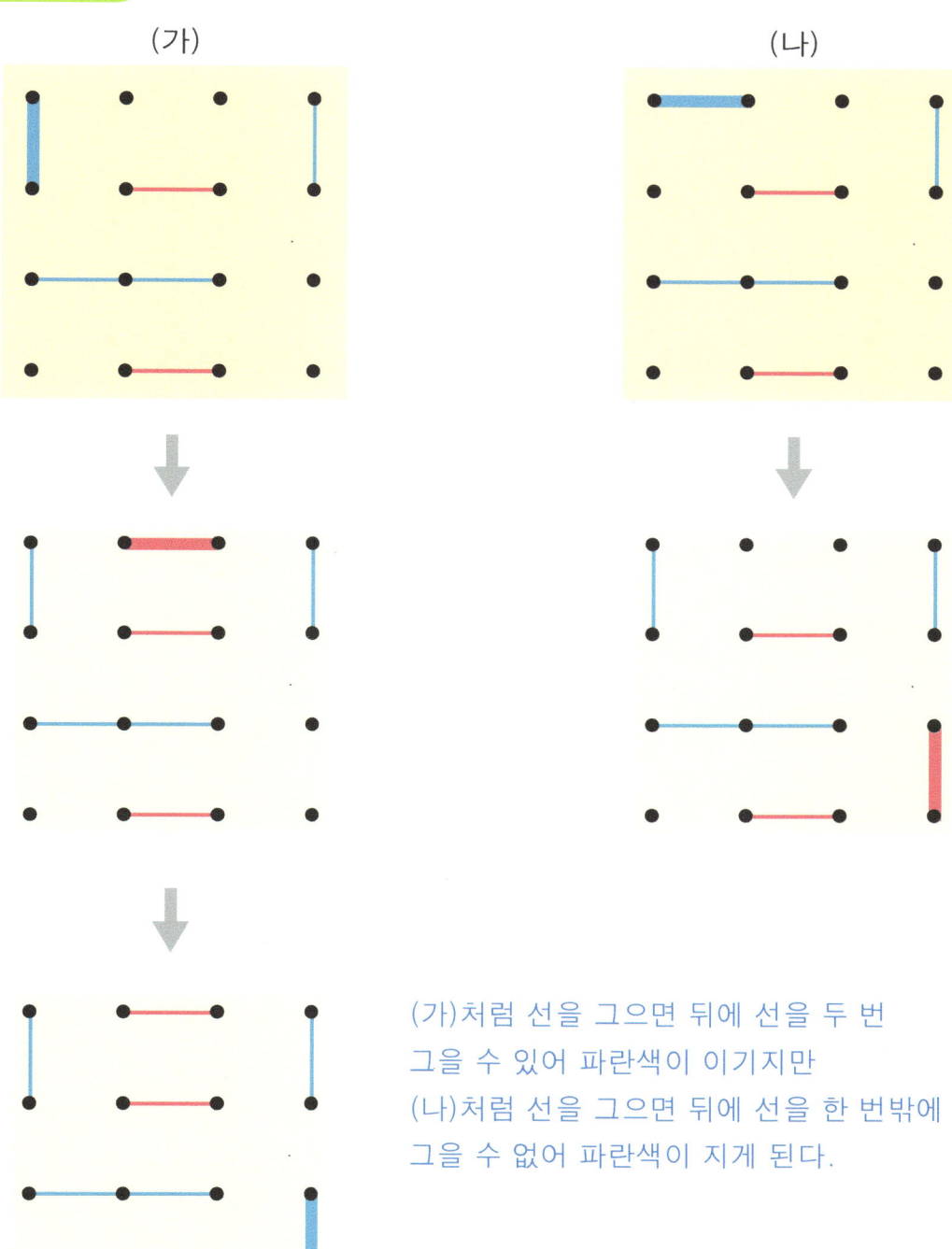

(가)처럼 선을 그으면 뒤에 선을 두 번 그을 수 있어 파란색이 이기지만 (나)처럼 선을 그으면 뒤에 선을 한 번밖에 그을 수 없어 파란색이 지게 된다.

살금살금 점잇기.1

살금살금 점잇기. 2

살금살금 점잇기. 3

세 점 잇기

놀이목표

세 점을 직선, 직각, 대각선으로 이어가며 상대방이 세 점을 잇지 못하도록 하는 게임이다.

놀이방법

1. 서로 번갈아가며 점 세개를 가로, 세로, 대각선, 직각으로 연결한다.

2. 선이 교차하거나 연결되면 안된다.

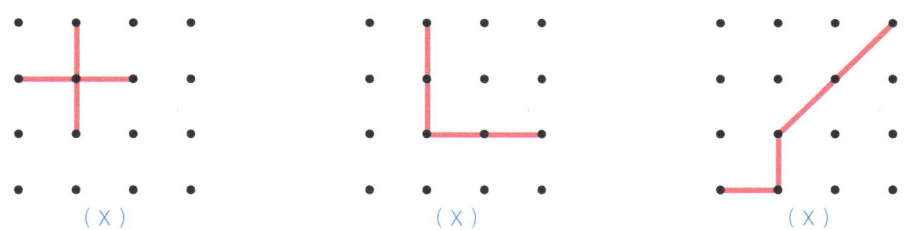

(X)　　　　　(X)　　　　　(X)

3. 더이상 선을 만들 수 없는 사람이 지게 된다.

Tip

점을 연결할 때는 어떤 선모양으로 연결하느냐가 중요하다.
선의 모양에 따라 남은 점을 연결하는 선 모양도 달라져 만들 수 있는 선의 수가 변하기 때문이다. 제한된 점의 수를 활용하는 전략적 사고가 중요하다.

세 점 잇기

놀이진행

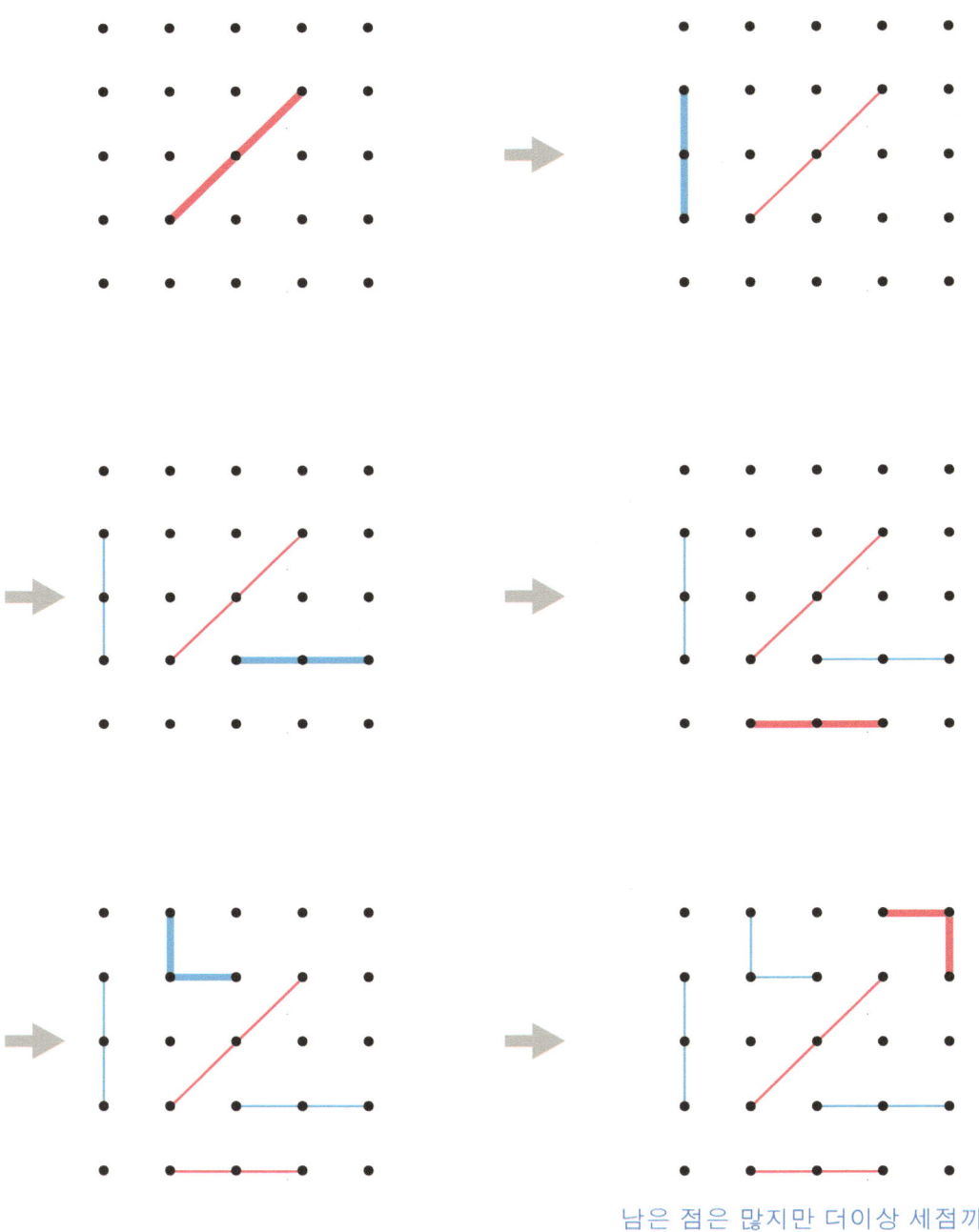

남은 점은 많지만 더이상 세점끼리
연결할 수 없어 게임이 끝났다.

세 점잇기.1

세 점잇기.2

세 점잇기.3

십자 세점 잇기

놀이목표

세 점을 직선, 대각선으로 이어가며 상대방이 세 점을 잇지 못하도록 하는 게임이다.

놀이방법

1. 서로 번갈아가며 점 세개를 가로, 세로, 대각선으로 연결한다.

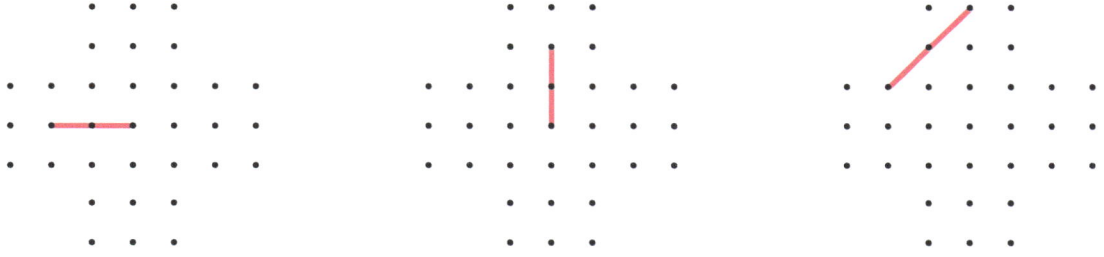

2. 선이 교차하거나 연결되면 안된다.

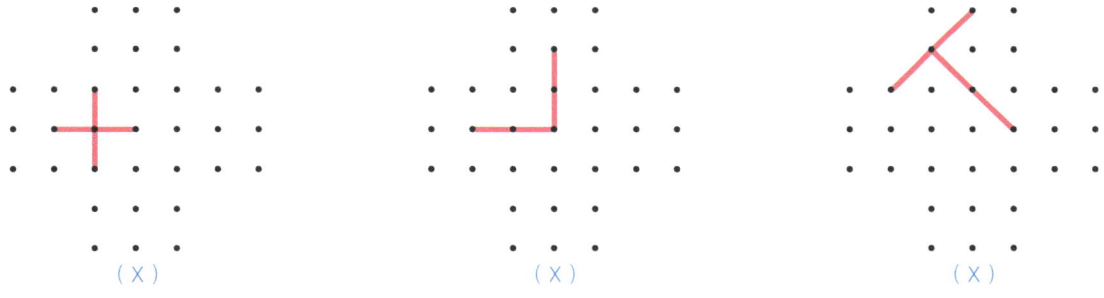

(X) (X) (X)

3. 더이상 선을 만들 수 없는 사람이 지게 된다.

Tip

4X4로 만든 십자놀이판에서 할 때는 점 네개를, 5X5로 만든 십자놀이판에서 할 때는 점 다섯개를 연결하여 놀이한다.
제한된 점의 수를 활용하는 전략적 사고가 중요하다.

십자 세점 잇기

놀이진행 3X3놀이판

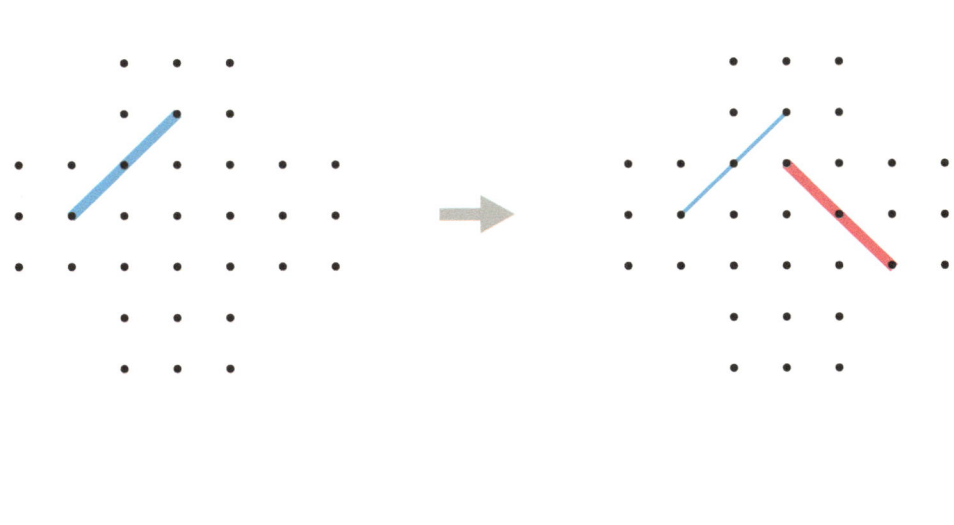

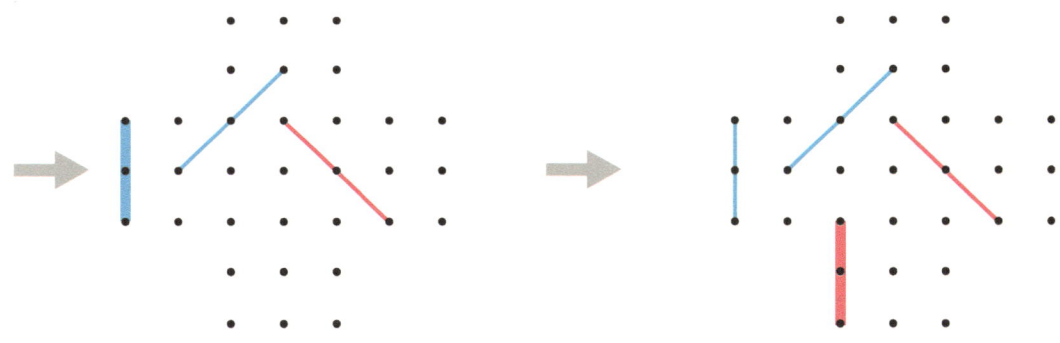

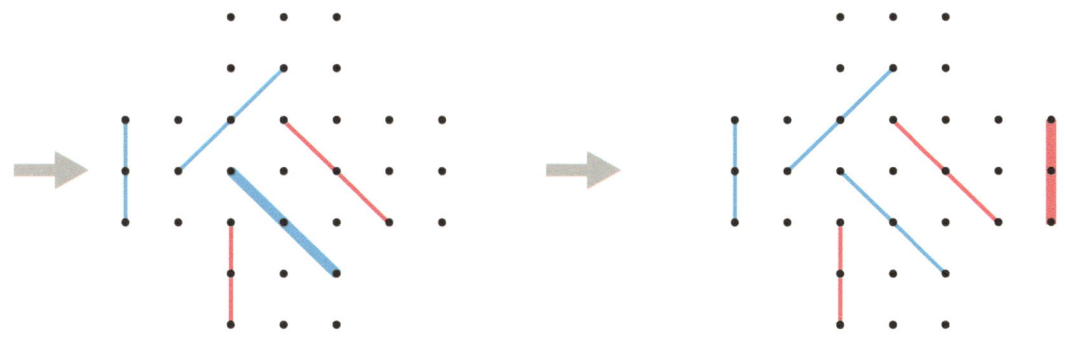

십자 세점 잇기

놀이진행 3X3놀이판

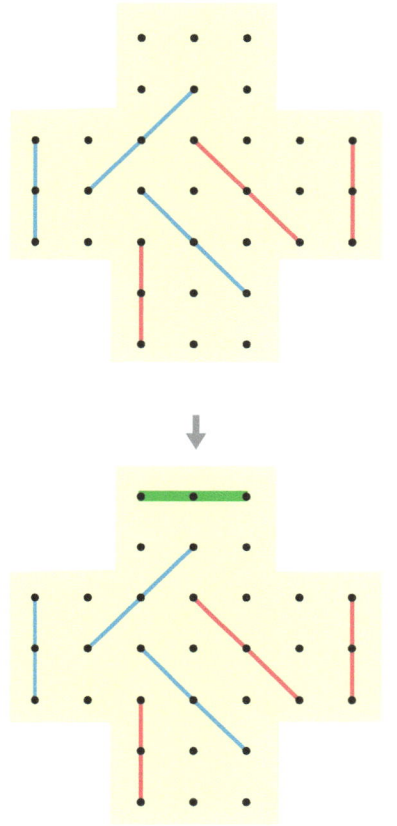

녹색선처럼 선을 그리면 남아 있는 점은 많으나 더이상 점 세개를 연달아 연결할 수 없어서 다음 사람이 지게 된다.

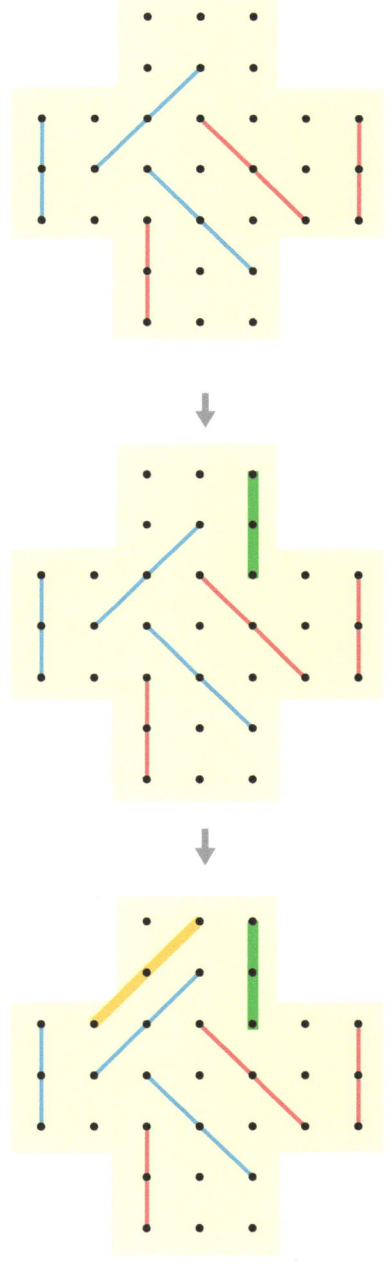

녹색선처럼 선을 그리면 노란선처럼 점 세개를 연달아 연결할 수 있어서 녹색선 그린 사람이 지게 된다.

십자 세점 잇기

놀이진행 **4X4놀이판**
4X4놀이판은 점 4개를 연결하여 놀이하며 놀이방법은 3X3놀이판 규칙과 같다.

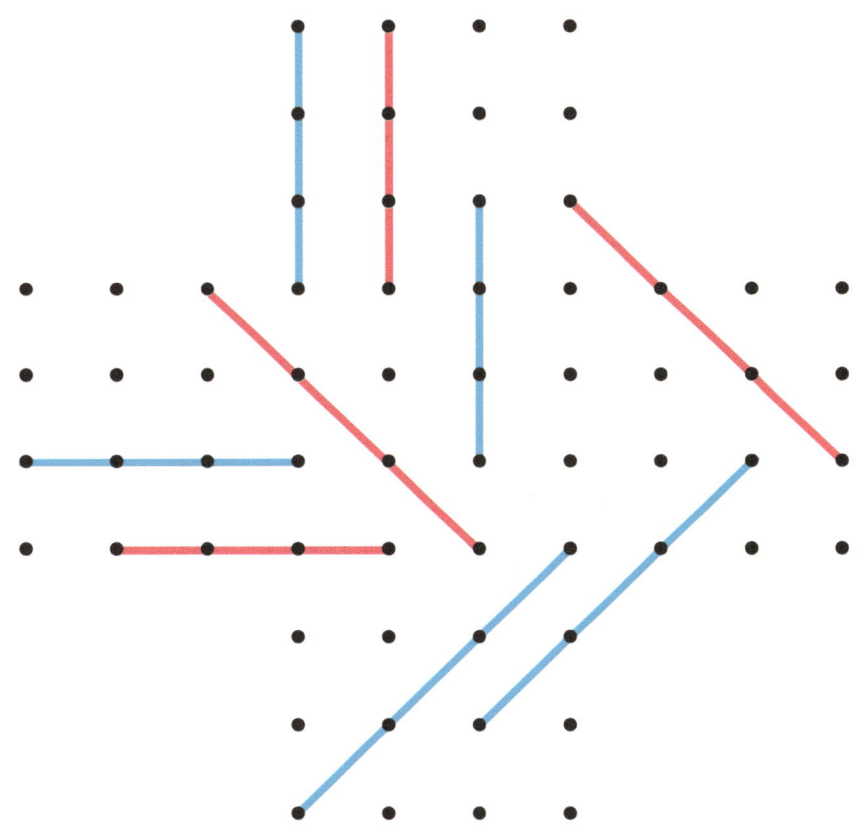

무수히 많은 점이 남았지만 점을 연달아 4개 연결할 수 없어 게임이 끝났다.

십자 점잇기 (3X3)

십자 점잇기 (3X3)

십자 점잇기 (4X4)

막다른 길 만들기1

놀이목표

길을 연결해 가면서 더이상 길을 만들 수 없도록 하는 게임이다.

놀이방법

1. 번갈아가며 서로 다른 색으로 놀이판의 점을 연결한다.
2. 다음 사람은 먼저 출발한 사람의 선을 이어서 연결해야 한다. 가로, 세로, 대각선 모두 가능하다.

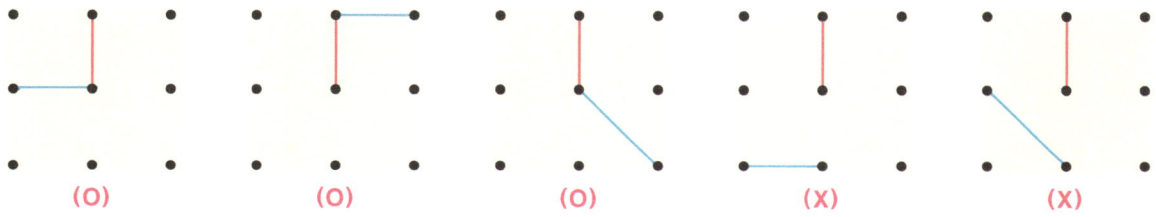

3. 처음 시작점으로 연결하면 지게 된다.

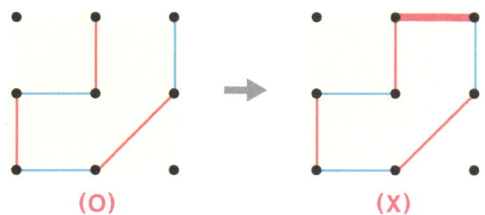

4. 새로운 점이 없어 길을 만들지 못하면 지게 된다.

Tip

연결게임의 일종이다.
점의 개수가 적더라도 쉽게 이기기 어려운 게임이다.
전략을 잘 세워야 이길 수 있다.

막다른 길 만들기1

놀이진행

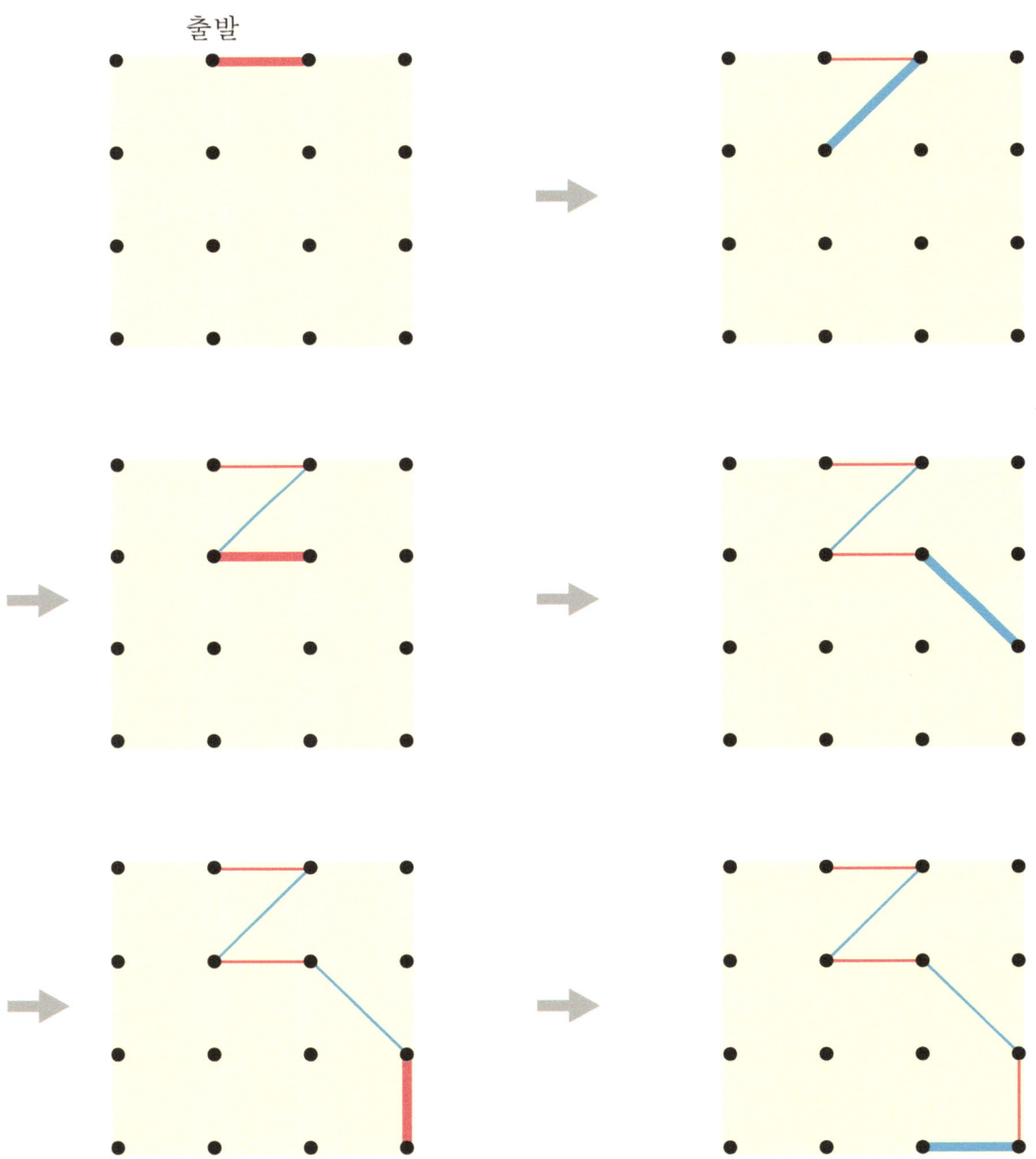

막다른 길 만들기1

놀이진행

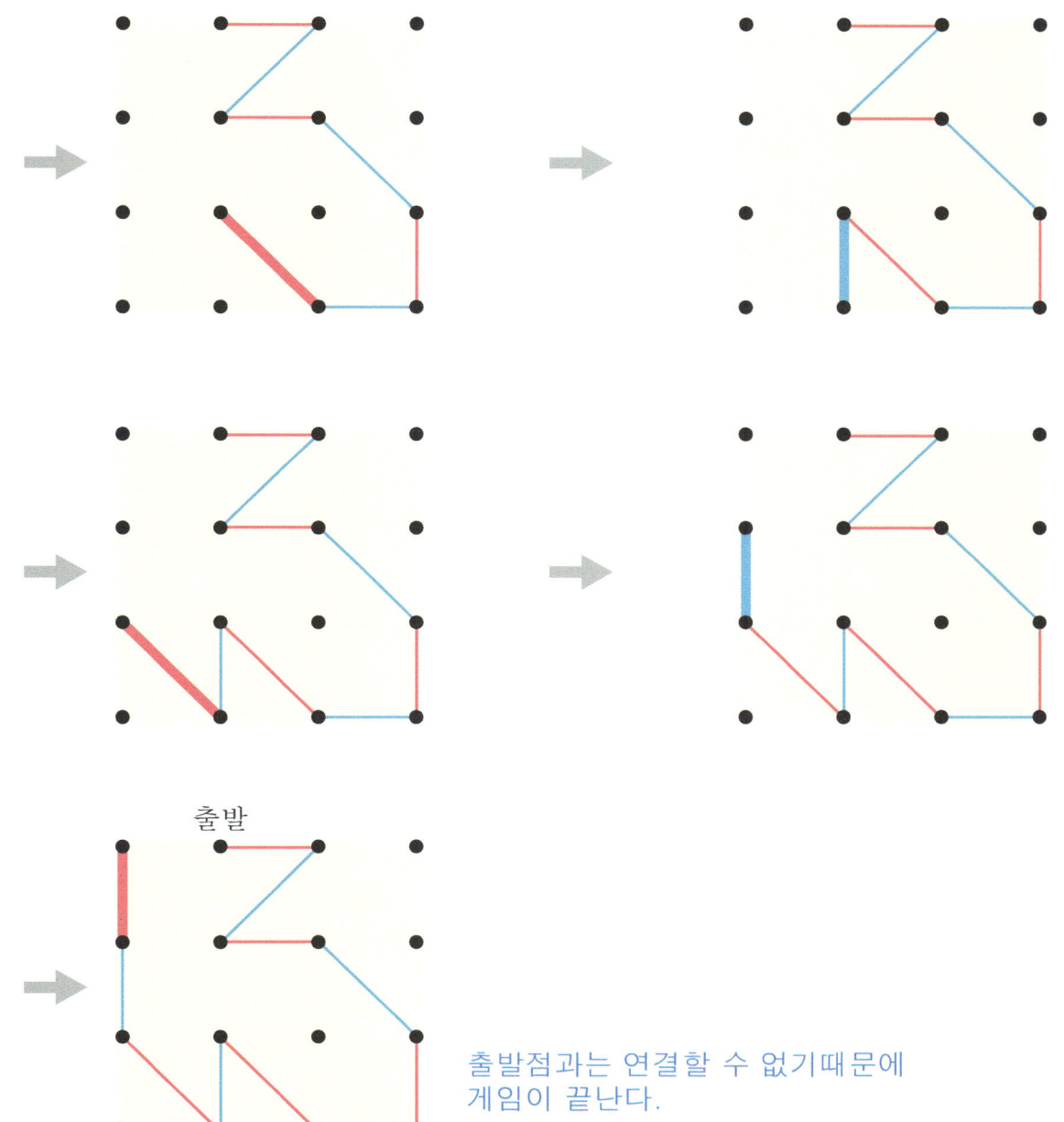

출발

출발점과는 연결할 수 없기때문에
게임이 끝난다.

막다른 길 만들기.1

출발

막다른 길 만들기.2

출발

막다른 길 만들기.2

놀이목표

길을 연결해 가면서 더이상 길을 만들 수 없도록 하는 게임이다.

놀이방법

1. 번갈아가며 각자의 시작별에서 출발하여 놀이판의 점을 연결한다.
2. 반드시 먼저 그린 선을 이어서 연결해야 하며 상대방 선과 겹치거나 교차할 수 없다.
   가로, 세로, 대각선 모두 가능하다.

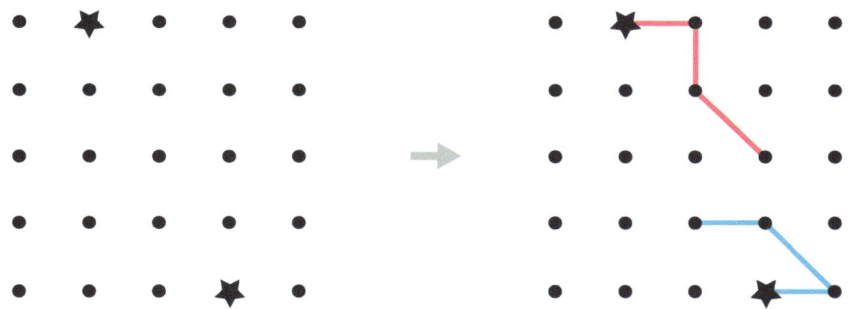

4. 새로운 점이 없어 길을 만들지 못하면 지게 된다.

Tip

막다른 길 만들기의 또다른 형식의 게임이다. 앞과의 차이점은 각자의 출발점이 달라 각각 다른 길을 만든다는 것이다.
나의 길을 만들어 나가는 것도 중요하나 상대방의 길을 막으면서 전략을 세우는 것이 더 중요할 수 있다.

막다른 길 만들기.2

놀이진행

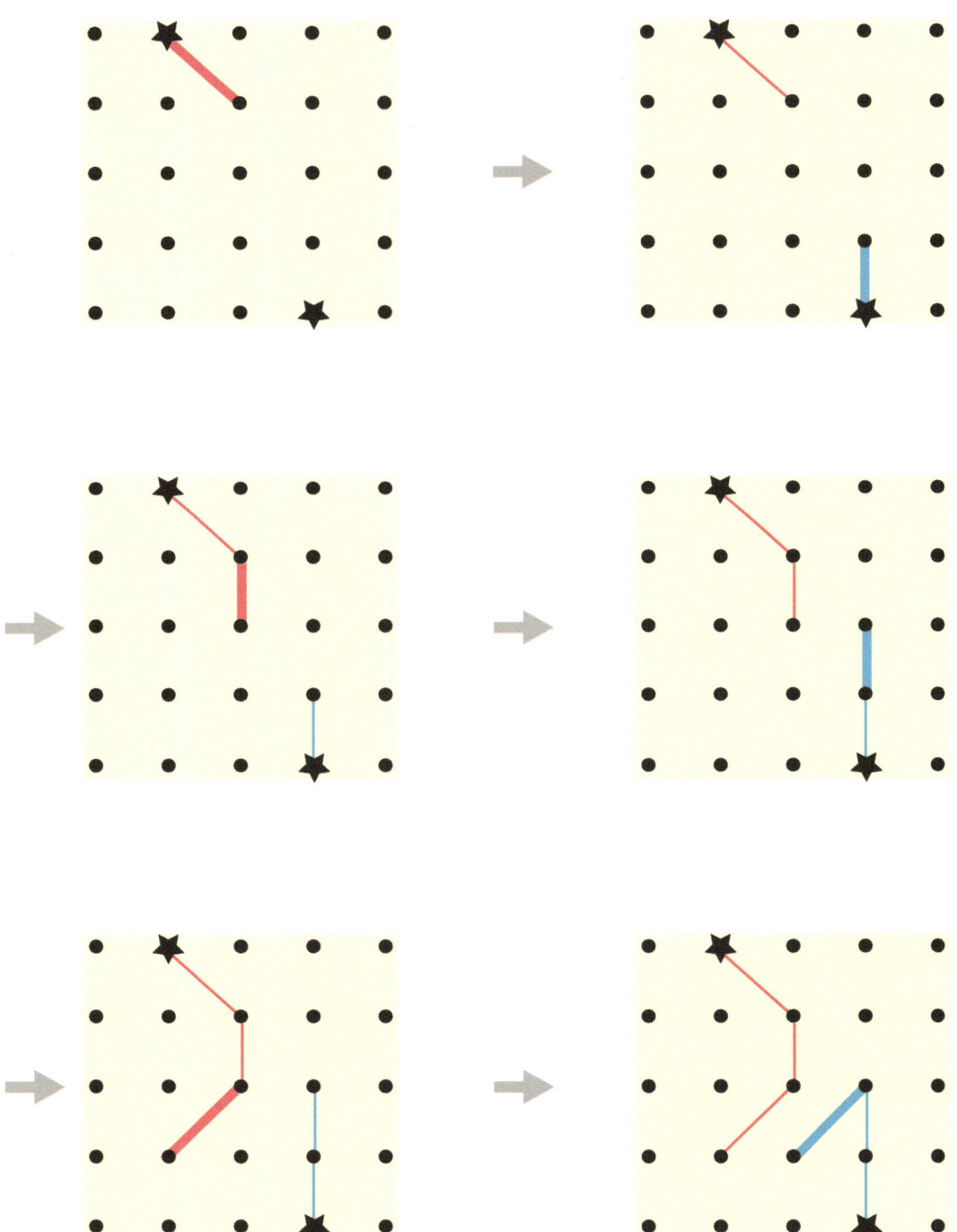

막다른 길 만들기.2

놀이진행

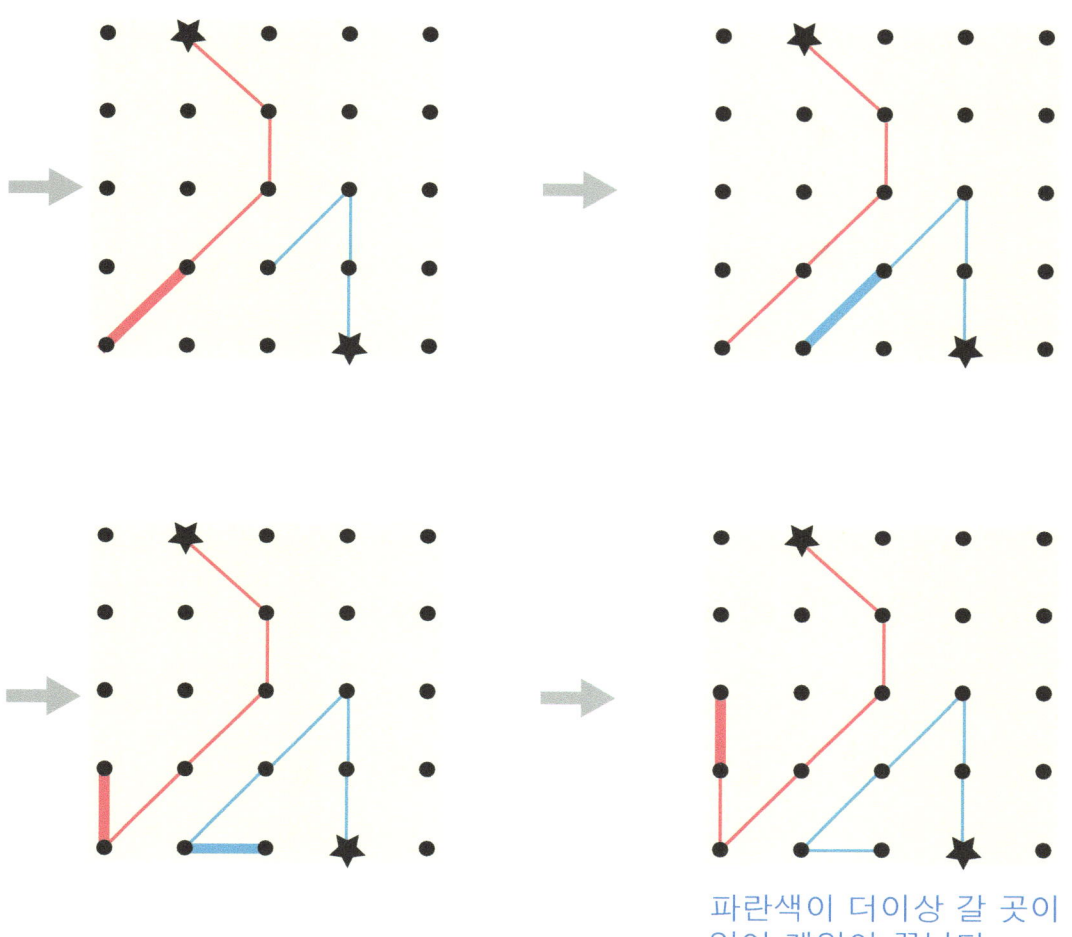

파란색이 더이상 갈 곳이 없어 게임이 끝났다.

막다른 길 만들기.2(1)

막다른 길 만들기.2(2)

좌충우돌 집찾기

놀이목표

중앙에서 각자 대각선 끝에 있는 집으로 가는 게임이다.

놀이방법

1. 각자 대각선 끝쪽에 집을 정한다. A, B로 표시한다.
2. 정가운데 동그라미 두 개가 있는 곳이 출발점이다.
3. 서로 번갈아가며 자기의 집을 향해 점을 연결해 나간다
4. 점과 점을 이은 선들은 서로 연결되야 한다.

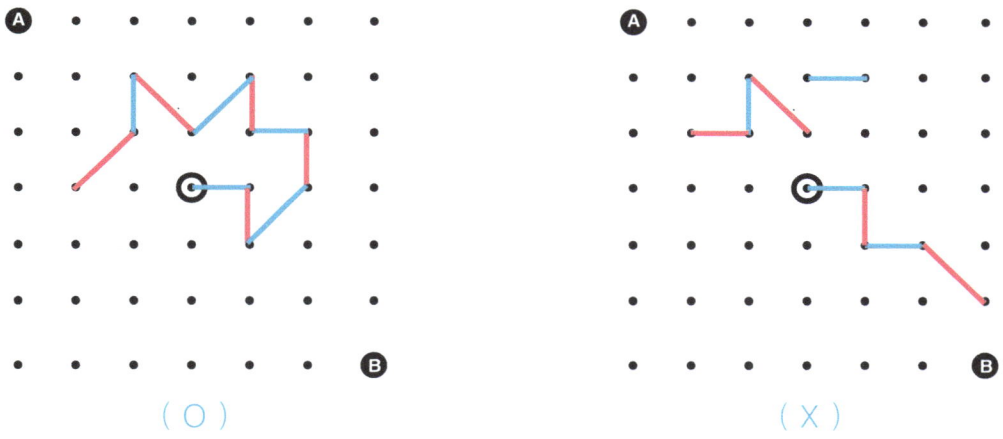

(O)　　　　　　　　　　(X)

5. 먼저 정해 놓은 집에 도착하는 사람이 이기게 된다. 이때 A가 B 집에 어쩔 수 없이 도착해도 B가 이기게 된다.

Tip

수학 게임 중에 그리 많이 소개되지 않은 게임이다.
단순한 게임이지만 길을 몇 수 내다 보고 연결해야 하기에 이기기도 쉽지 않다.
무승부를 없애기 위해 더 이상 연결될 선을 만들지 못하면 그 사람이 지게 된다.

좌충우돌 집찾기

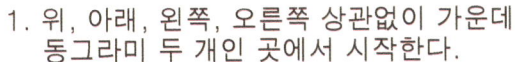

1. 위, 아래, 왼쪽, 오른쪽 상관없이 가운데 동그라미 두 개인 곳에서 시작한다.

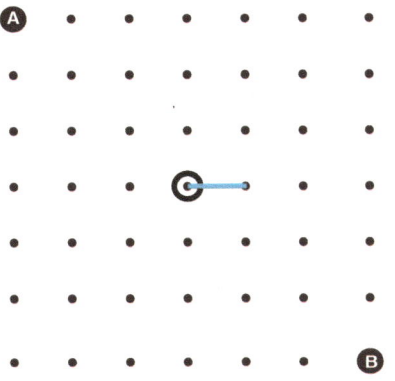

2. 번갈아가며 선을 연결할 때는 반드시 앞의 선과 연결되야 한다.

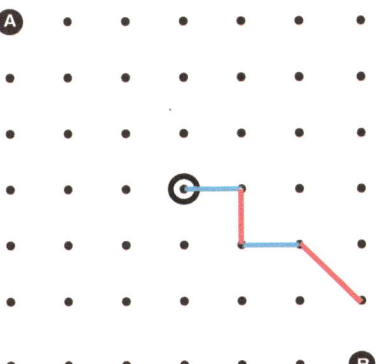

3. 집에 도착하기 전에 더이상 갈 길을 못만들면 길을 연결할 수 없게 만든 사람이 지게 된다.

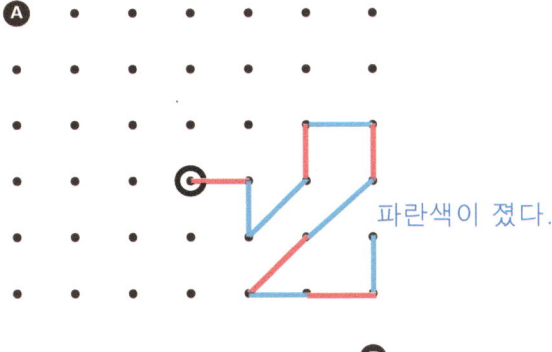

파란색이 졌다.

4. 한 점에서 세 개의 선이 나갈 수 없다.

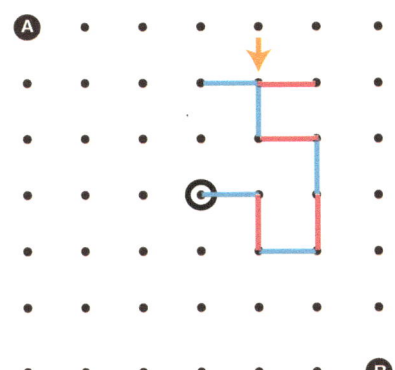

좌충우돌 집찾기

놀이진행 파란색 집이 A, 빨간색 집이 B를 선택했다.

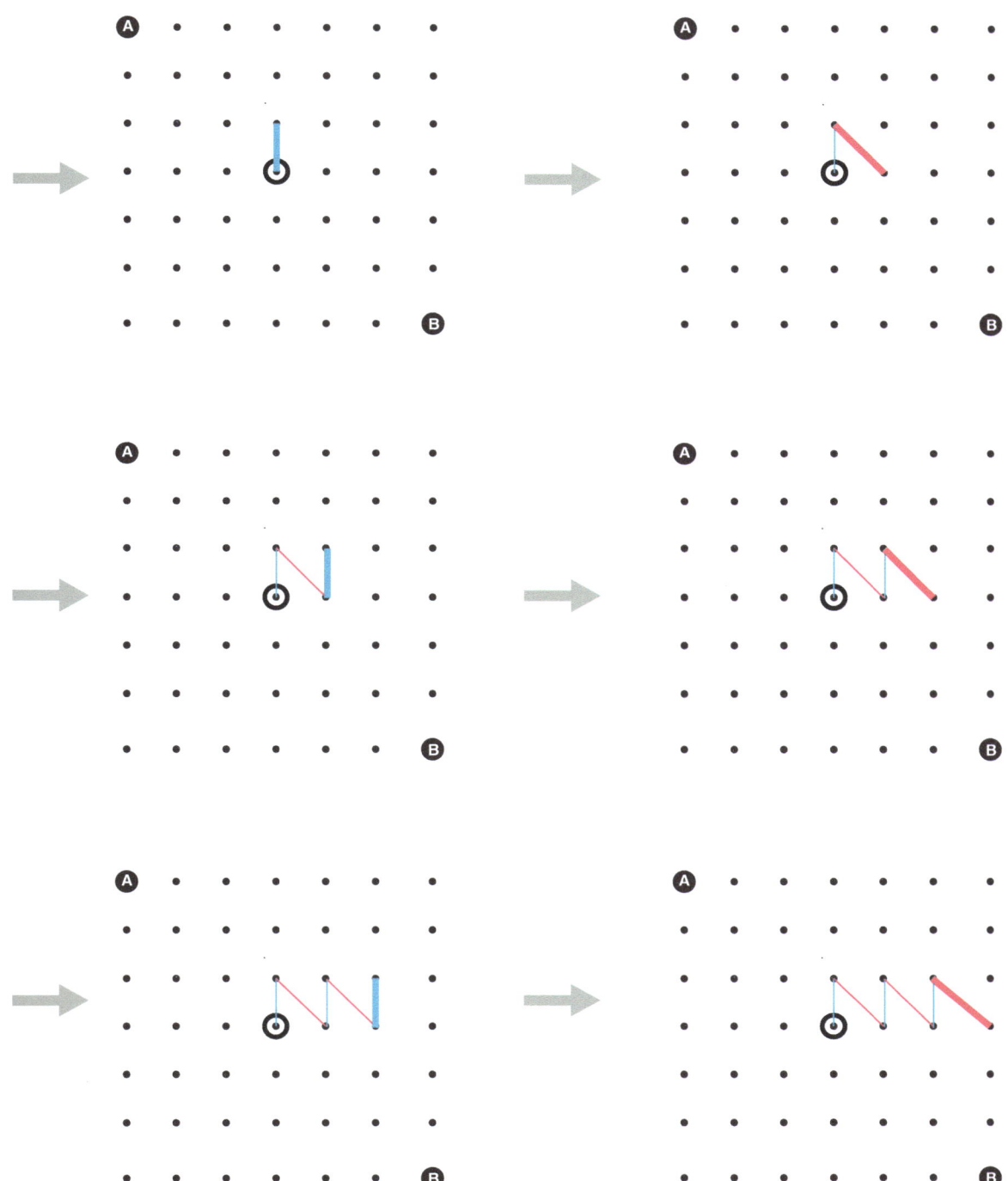

좌충우돌 집찾기

놀이진행

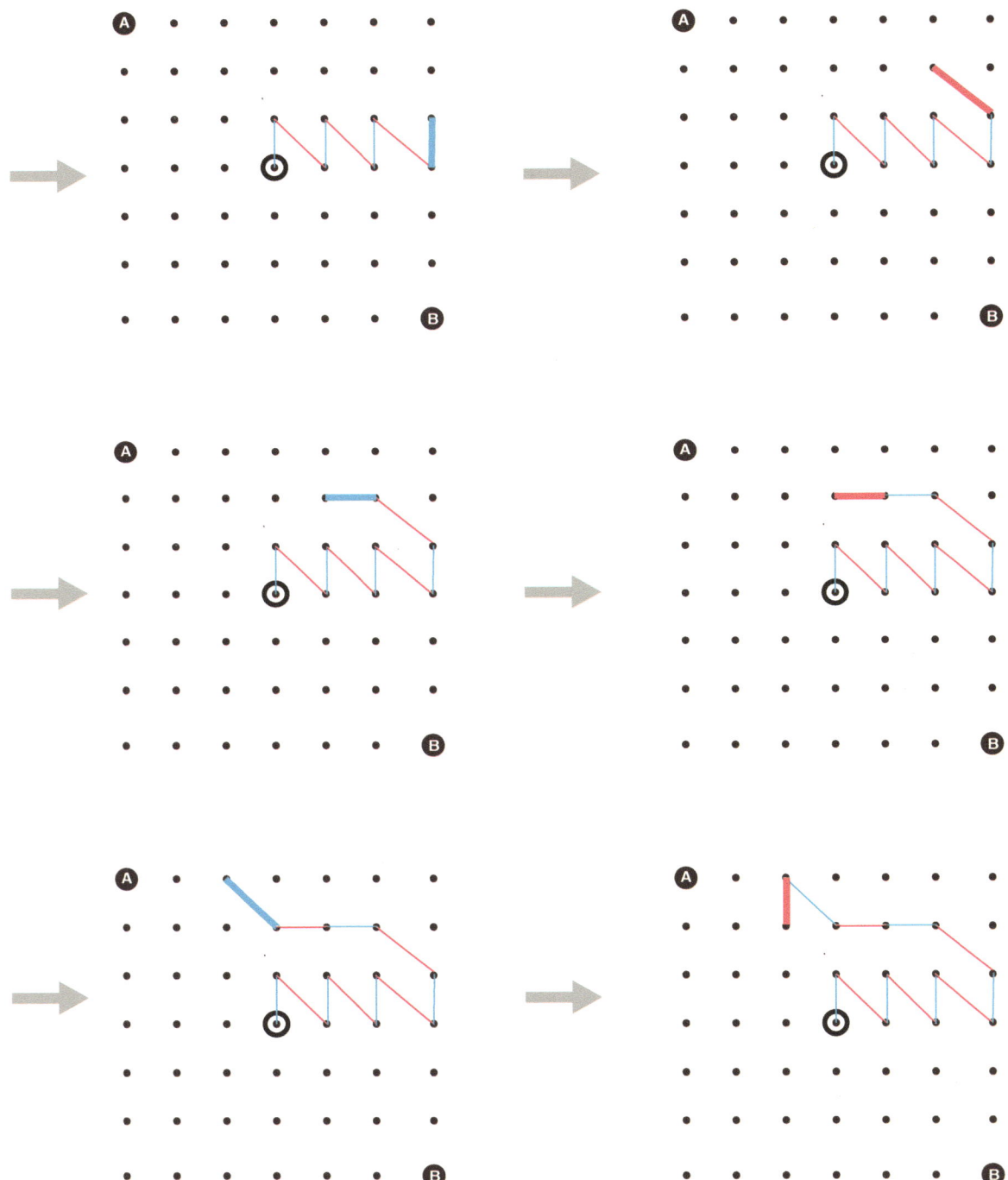

좌충우돌 집찾기

놀이진행

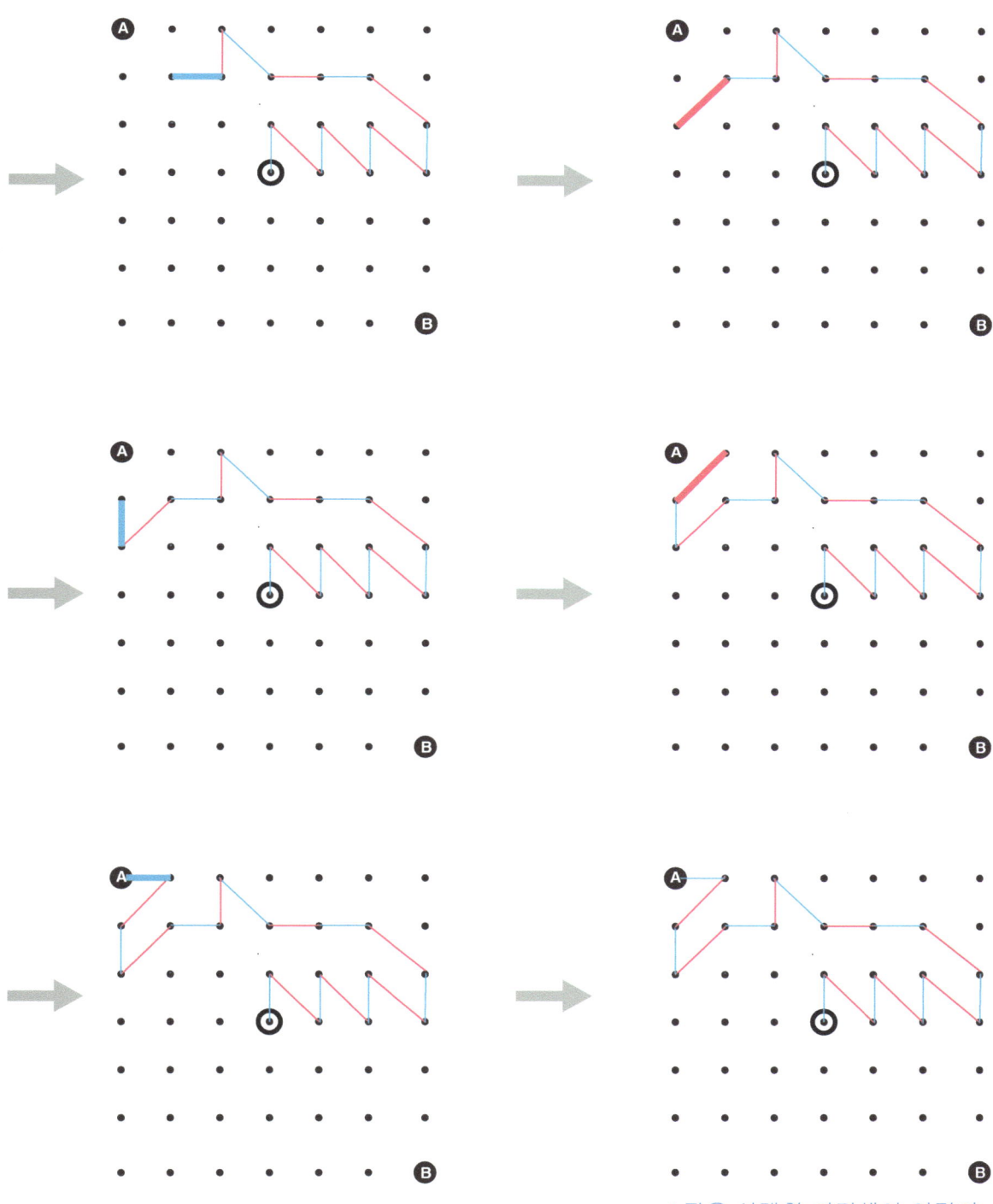

A집을 선택한 파란색이 이겼다.

좌충우돌 집찾기

테트로라인 잇기

놀이목표

점 5개를 연결하여 선분 4개를 만드는 테트로라인 게임이다.

놀이방법

1. 번갈아가며 놀이판의 점 5개(연결된 선 4개)를 연결하여 테트로라인을 그린다.
2. 테트로라인 각각에 사용된 점은 다른 테트로라인과 중복 사용할 수 없다.

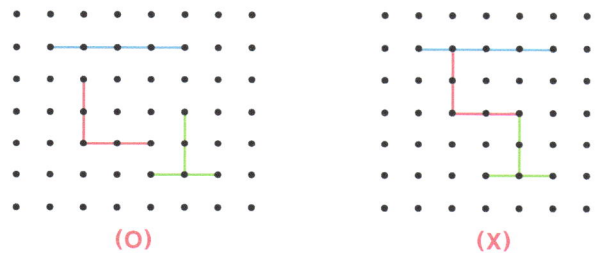

(O)　　　　　　(X)

3. 점은 가로, 세로로만 연결되며 대각선으로 연결할 수 없다.

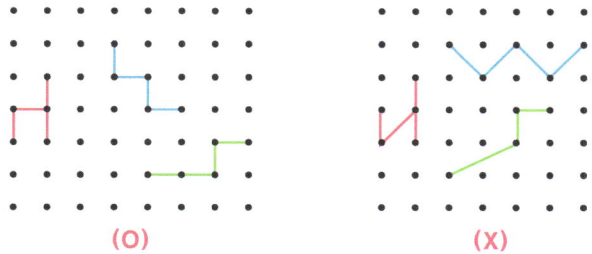

(O)　　　　　　(X)

4. 더이상 테트로라인을 그릴 수 없는 사람이 지게 된다.

Tip

정사각형 4개를 연결한 것을 테트로미노라고 하듯이 선 4개를 연결하여 만든 선을 테트로라인이라 하겠다. 4개의 선이 연결된 모양은 모두 15가지이다. 이 게임은 테트로라인 15가지 모양을 유추해 내는 것이 목적이다.

테트로라인 잇기

모양관찰 테트로라인 15가지 모양

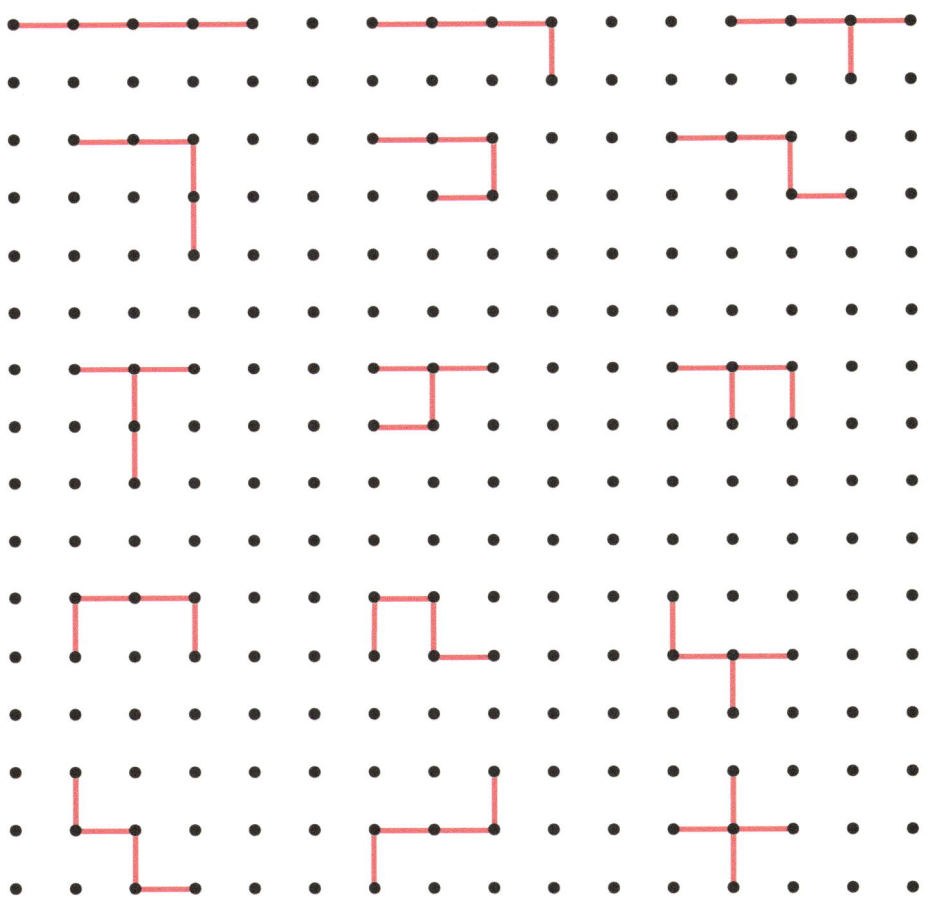

테트로라인 잇기

놀이진행

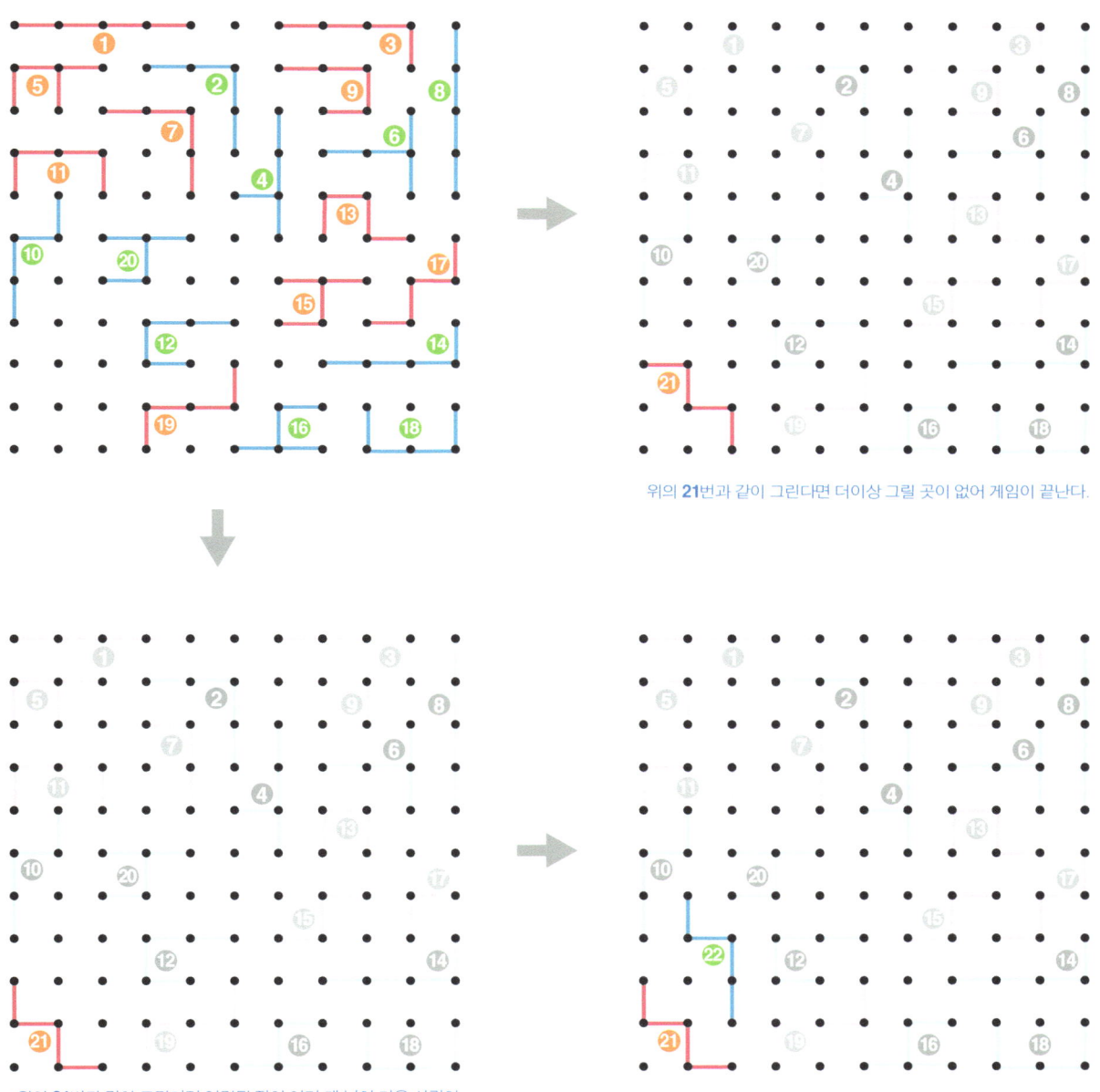

위의 21번과 같이 그린다면 더이상 그릴 곳이 없어 게임이 끝난다.

위의 21번과 같이 그린다면 연결된 점이 여러 개 남아 다음 사람이 그릴 곳이 생겨 21번을 그린 사람이 지게 된다.

테트로라인 잇기.1

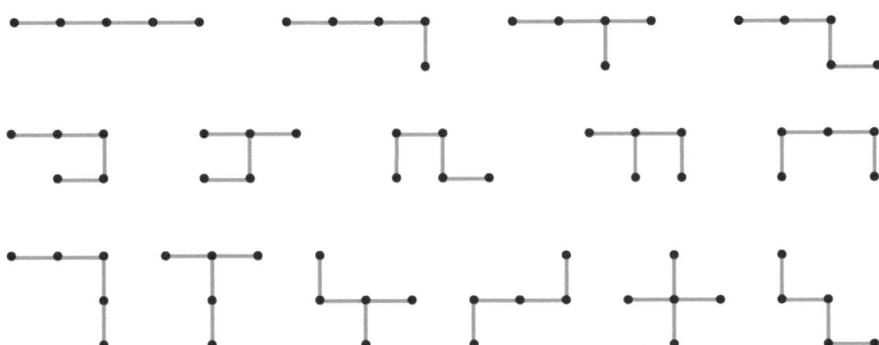

테트로라인 잇기.2

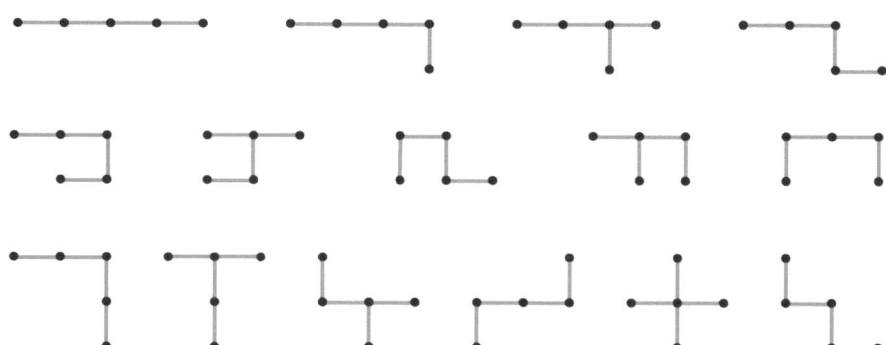
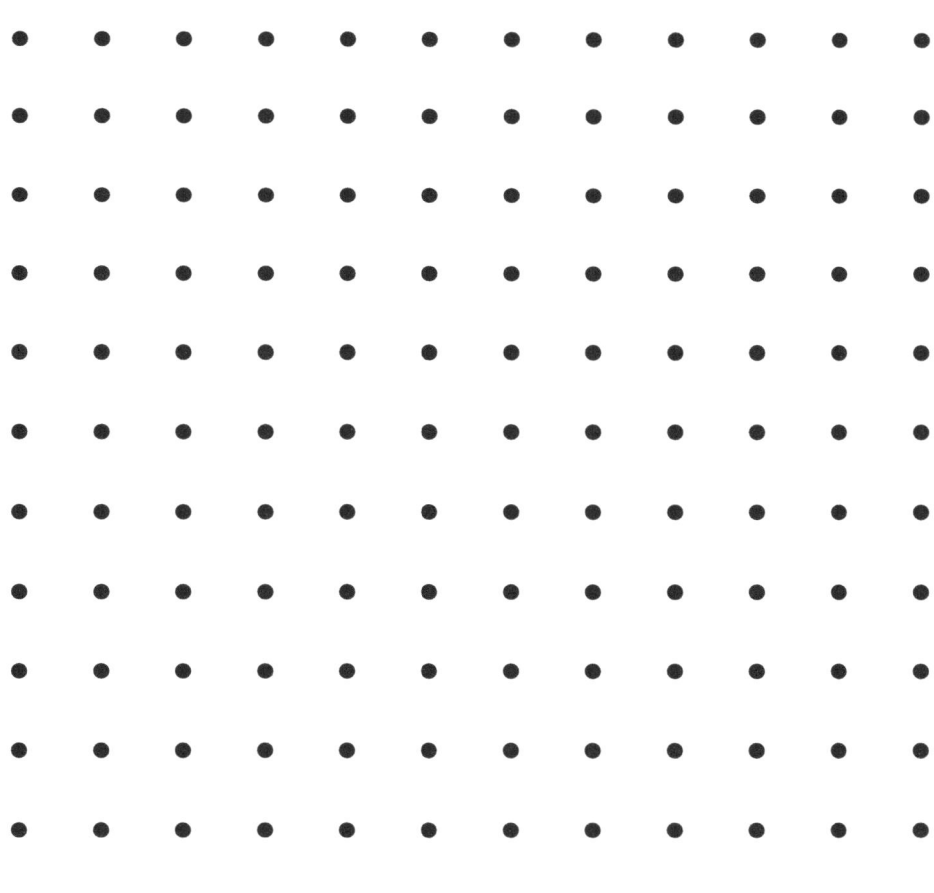

테트로라인 잇기.3

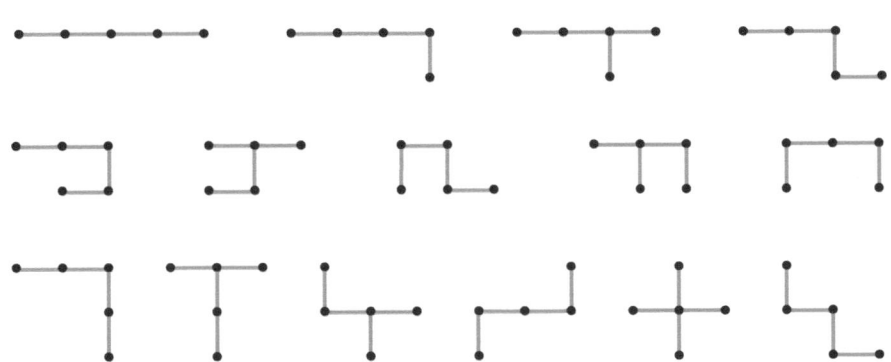

스위칭 게임

놀이목표

시작점에서 도착점까지 서로 막고 뚫으면서 길을 찾아가는 게임이다.

놀이방법

1. 번갈아가며 서로 다른 색으로 놀이판의 점을 연결한다.
2. 먼저 출발한 사람의 선을 '쇼트'라 하고 이 선이 도착점에 도착하지 못하도록 막는 선을 '커트'라고 한다.(게임의 편리성을 위해서 쇼트선에는 O표를 커트선에는 X표를 쳐도 된다.)
3. 번갈아가며 선을 그을 때 선끼리 연결해 가면서 그을 필요는 없다.

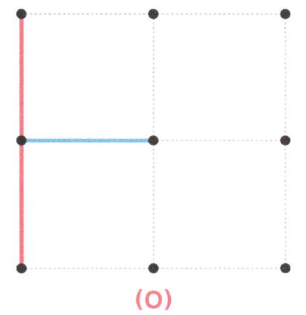
(O)

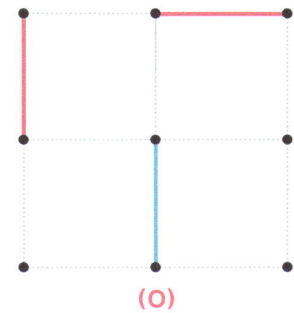
(O)

4. 시작점에서 도착점까지 같은 색으로 연결이 되면 쇼트가 이기고 그렇지 못하면 커트가 이기게 된다.

Tip

섀넌이라는 수학자가 창안한 게임이다. 점이 몇 개 없더라도 상당한 전략이 필요하다. 일반적으로 쇼트의 승리가 어렵다. 왜냐하면 쇼트의 길을 커트가 차단하기 때문이다. 그렇기때문에 비슷한 비율로 승리가 이루어지도록 놀이판을 설계하는 것이 어려운, 난이도가 높은 게임이다.

스위칭 게임

놀이진행 쇼트가 승리한 예.1

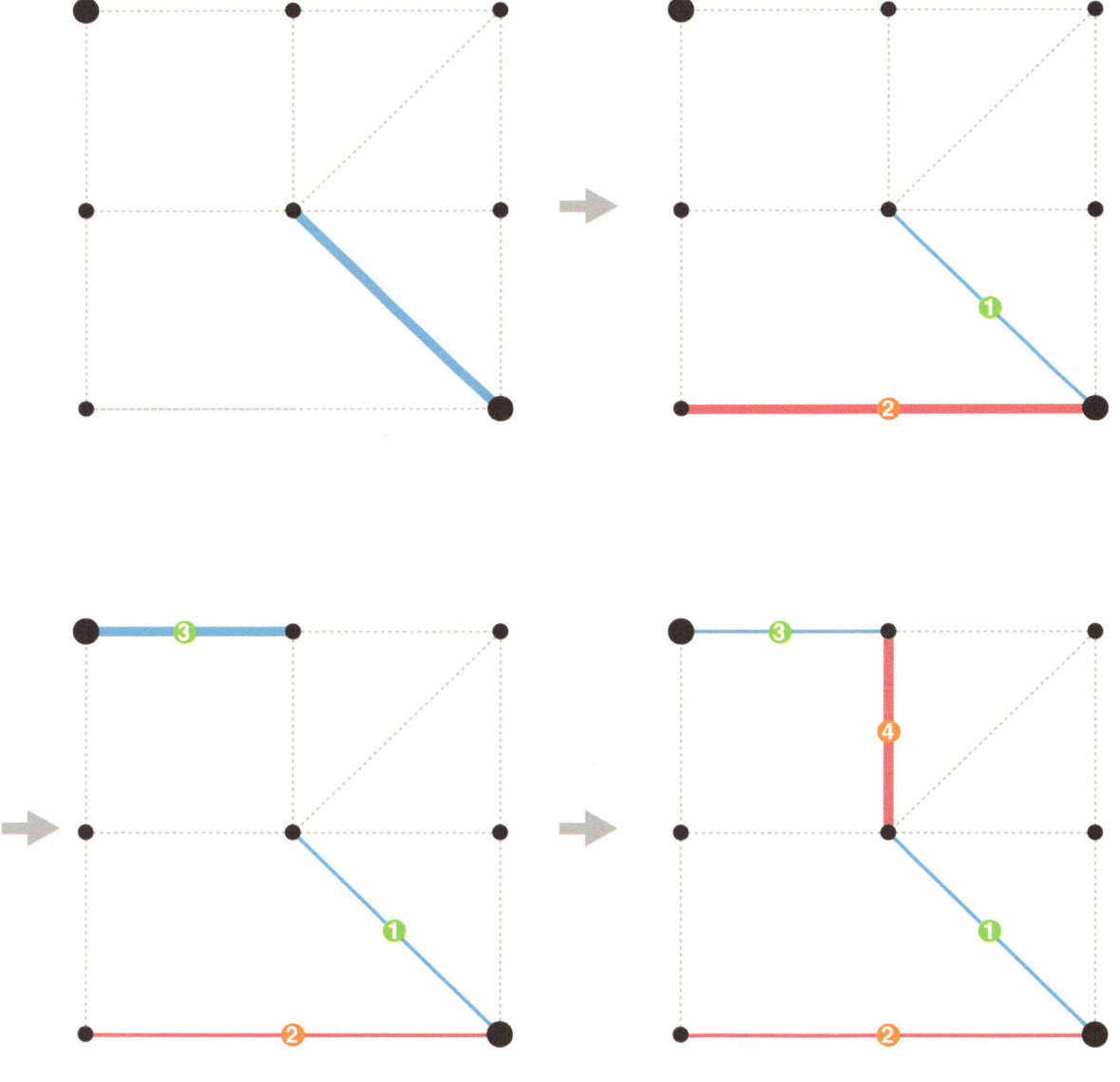

스위칭 게임

놀이진행 쇼트가 승리한 예.1

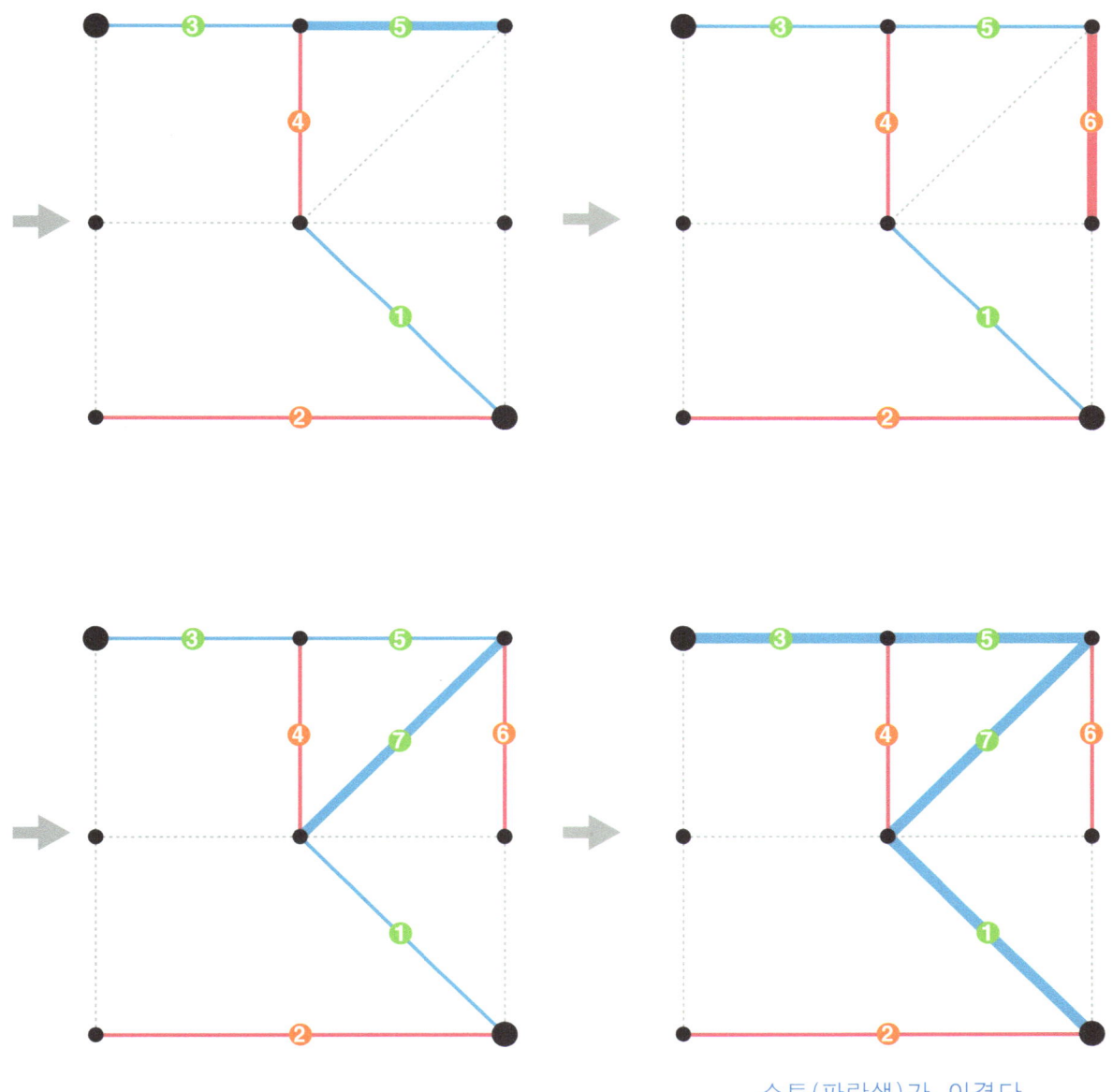

쇼트(파란색)가 이겼다.

스위칭 게임

놀이진행 쇼트가 승리한 예.2

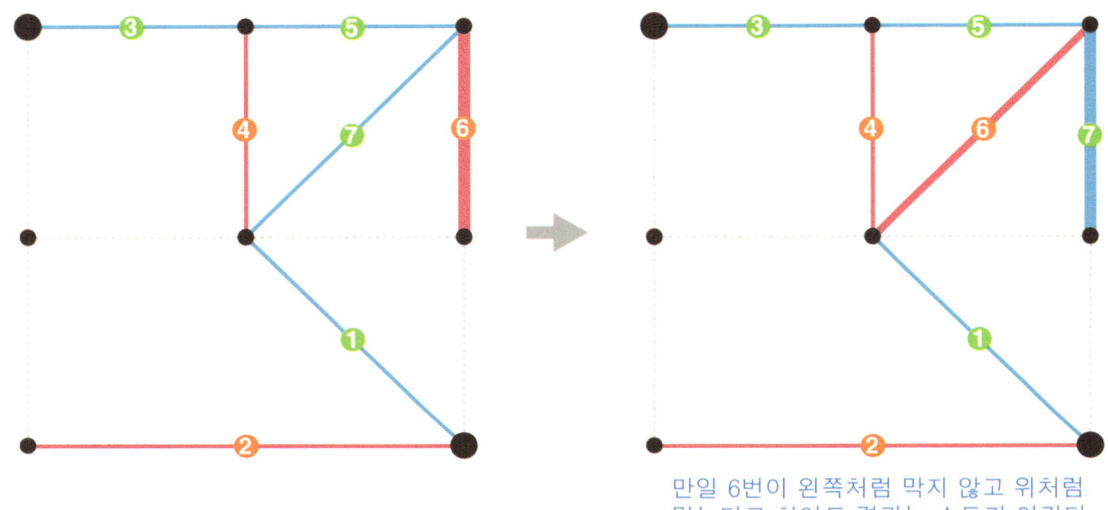

만일 6번이 왼쪽처럼 막지 않고 위처럼 막는다고 하여도 결과는 쇼트가 이긴다.

9번처럼 선이 연결되어 결국 쇼트가 이기게 된다.

스위칭 게임

놀이진행 커트가 승리한 예

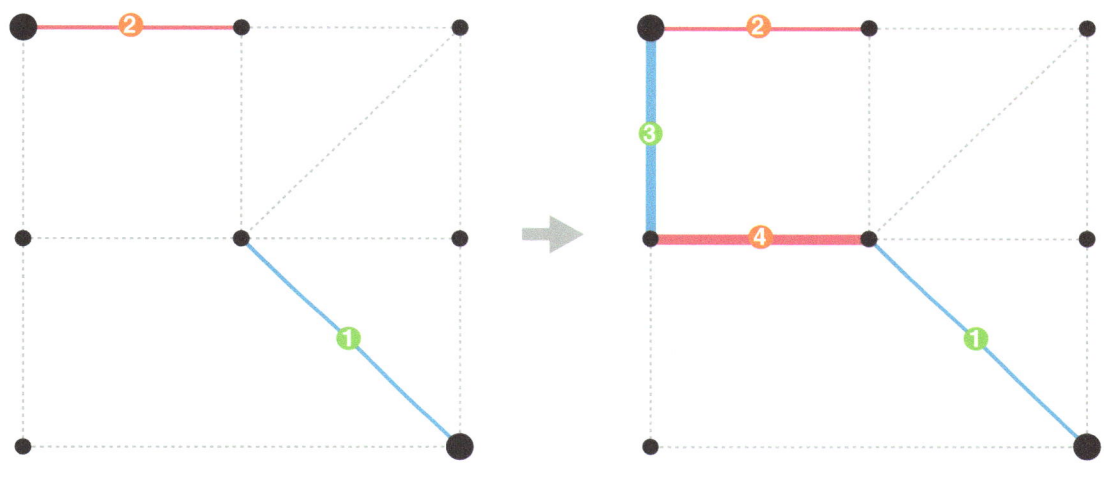

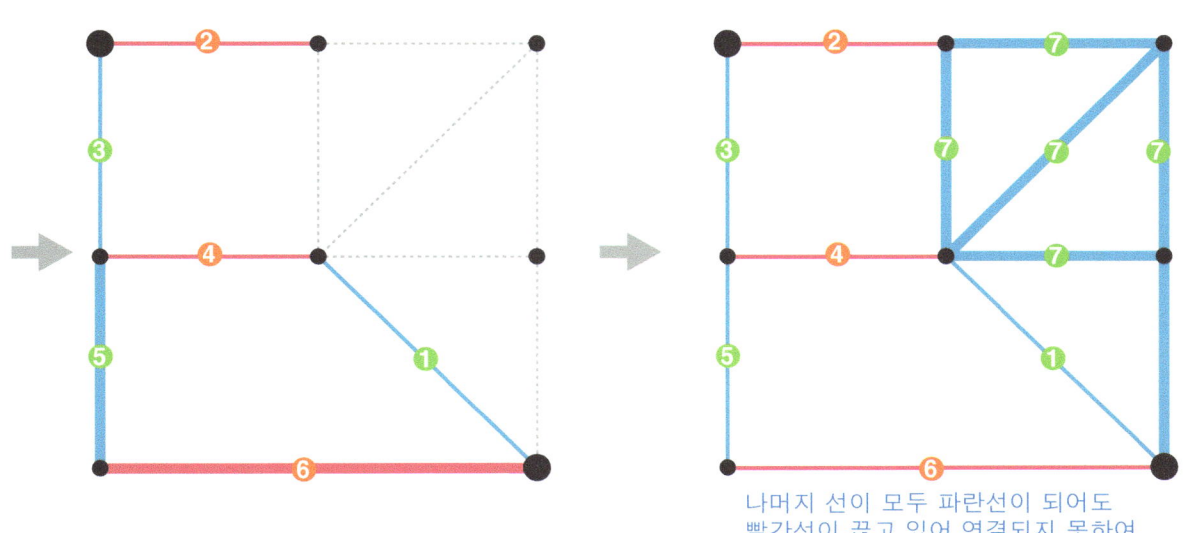

나머지 선이 모두 파란선이 되어도 빨간선이 끊고 있어 연결되지 못하여 결국 지게 된다.

스위칭 게임.1

스위칭 게임.2

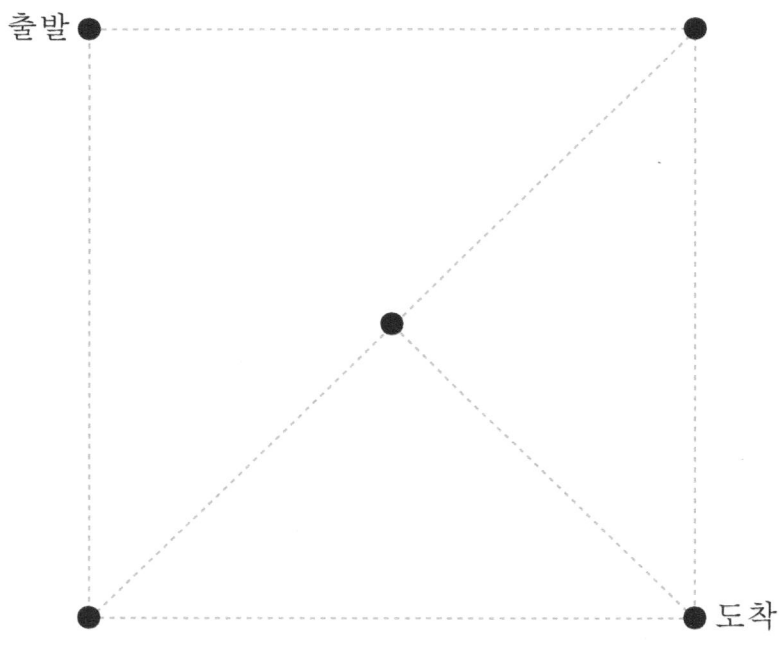

스위칭 게임.3

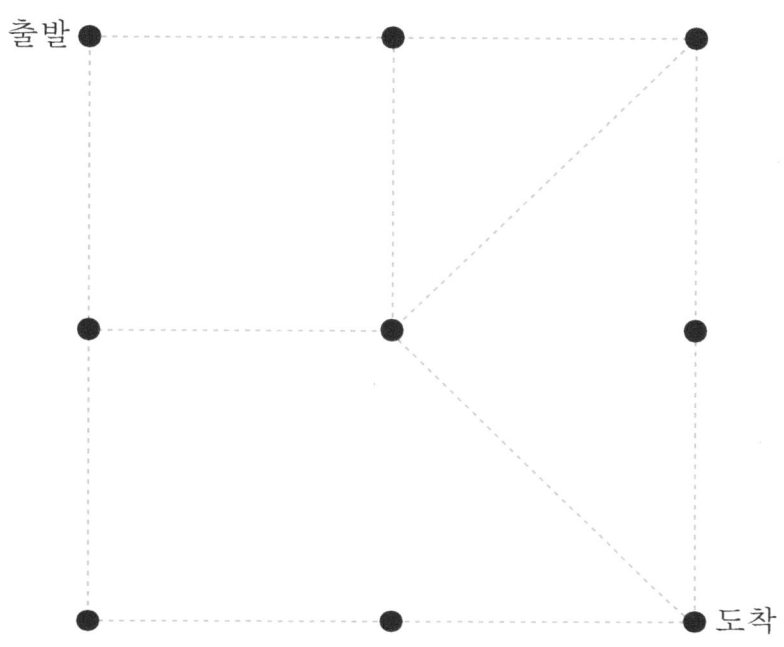

스위칭 게임.4

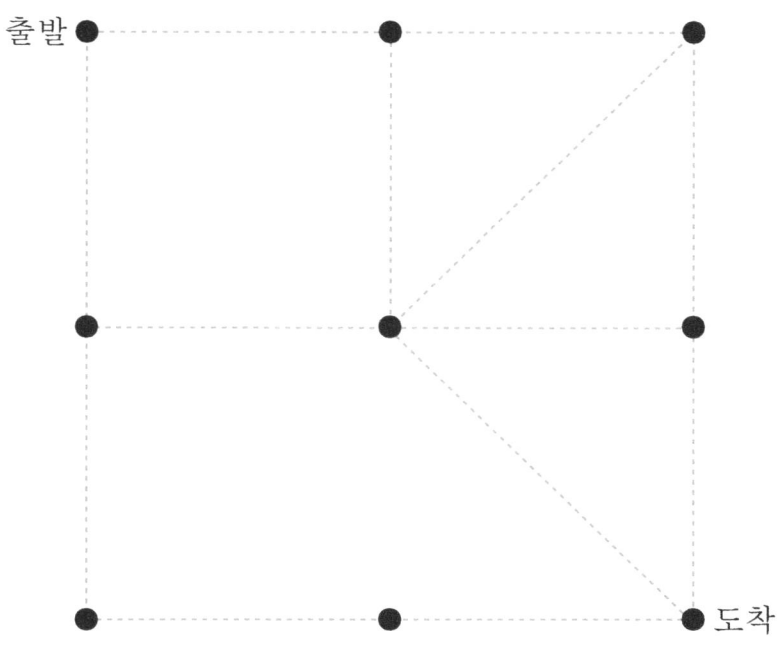

스위칭 게임.5

스위칭 게임.6

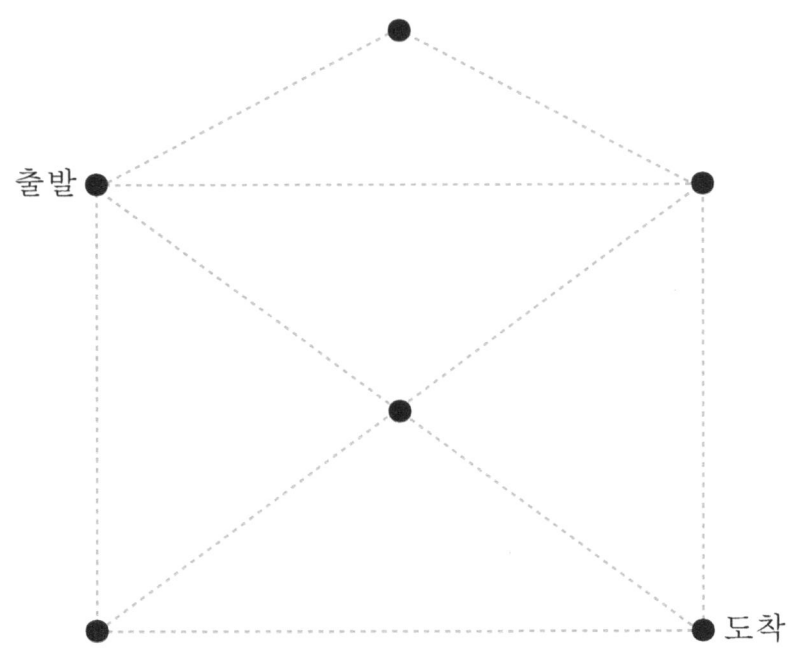

연필로 하는 수학 보드게임

한글 게임

▶ 낱말 만들기
▶ 초성 놀이
▶ 끝말 잇기

고양이 개구리

가 　고　 거　 구　 기
　　 개　 나　 니　 동
로　 양　 미　 이　 국　 리

수건　사탕

ㅇㅅ　ㅅㅌ　ㅌㄹ

ㅁㅊ　ㅅㄱ　ㅈㄱ

기침

침대　　　건물

　　　무궁화

대나무　　화분

낱말 만들기

놀이목표
낱자를 조합하여 단어를 많이 만드는 게임이다.

놀이방법

1. 번갈아가며 놀이판에 제시된 개수의 낱말을 찾아 소리내어 말하고 ○표를 한다.
   예) 두글자 낱말 찾기 – 고기, 라면............

2. 더이상 낱말을 만들 수 없는 사람이 지게 된다.

Tip
어린 아이와 부모가 함께하면 더 유익한 게임이다.
낱말의 조합을 통해 자연스럽게 한글 학습이 이루어진다.

낱말 만들기

놀이진행 두 글자 낱말 찾기

고기

가	고	기	내	닐	기
거	구	건	개	나	
다	동	두	래	라	마
름	리	리	모	물	
무	물	미	면	바	배
방	병	비	비	봉	
부	소	산	서	수	선
아	아	유	오	우	
울	이	인	자	장	전
주	쟁	지	지	차	
차	추	표	풍	행	꽃

낱말 만들기

놀이진행 두 글자 낱말 찾기

고기
수건

가	고	기	내	닐	기
거	구	건	개	나	
다	동	두	래	라	마
름	리	리	모	물	
무	물	미	면	바	배
방	병	비	비	봉	
부	소	산	서	수	선
아	아	유	오	우	
울	이	인	자	장	전
	주	쟁	지	지	차
차	추	표	풍	행	꽃

낱말 만들기

놀이진행 두 글자 낱말 찾기

고기-나비-바다-차표-풍선-가방-라면-물개-봉지-부자-거인-서울-아내-두유-모래
수건-꽃병-우산-기차-오리-비닐-행주-지구-동물-아이-소리-배추-전쟁-장미

가	고	기	내	닐	기
거	구	건	개	나	
다	동	두	래	라	마
름	리	리	모	물	
무	물	미	면	바	배
방	병	비	비	봉	
부	소	산	서	수	선
아	아	유	오	우	
울	이	인	자	장	전
주	쟁	지	지	차	
차	추	표	풍	행	꽃

파랑이 더이상 두글자 낱말을 만들지 못해 졌다.

낱말 만들기

놀이진행 세 글자 낱말 찾기

고양이-자동차-소방서-유치원-오징어-미역국

개구리-선풍기-화장지-병아리-지하철-색연필-캥거루

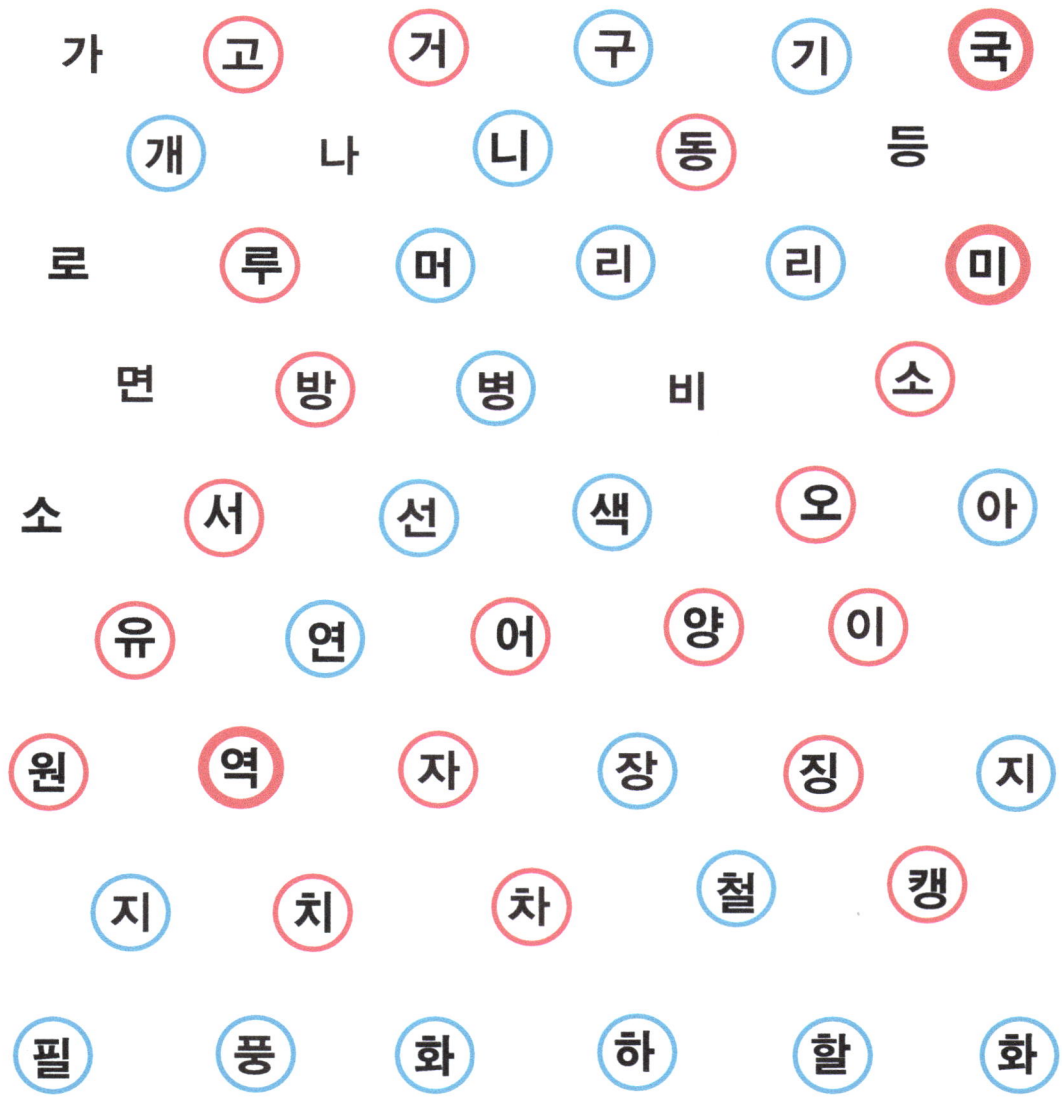

빨강이 더이상 세글자 낱말을 만들지 못해 졌다.

낱말 만들기(두글자 낱말)

가	고	기	내	닐	기
거	구	건	개	나	
다	동	두	래	라	마
름	리	리		모	물
무	물	미	면	바	배
방	병	비	비	봉	
부	소	산	서	수	선
아	아	유		오	우
울	이	인	자	장	전
주	쟁	지	지	차	
차	추	표	풍	행	꽃

낱말 만들기(세글자 낱말)

가   고   거   구   기   국

개   나   니   동   등

로   루   머   리   리   미

면   방   병   비   소

소   서   선   색   오   아

유   연   어   양   이

원   역   자   장   징   지

지   치   차   철   캥

필   풍   화   하   할   화

낱말 만들기 (네글자 이상 낱말)

기	고	거	구	국	개
계	나	놀	동	대	
드	동	라	레	라	란
레	리	모	말	민	
버	배	비	비	산	스
스	수	아	아	우	
유	영	이	이	이	이
인	역	자	전	지	
지	전	코	콥	터	텔
프	팬	화	헬	할	
		한	허		

초성 놀이

놀이목표

초성을 보고 해당하는 초성으로 시작하는 단어를 만드는 게임이다.

놀이방법

1. 놀이판에 제시된 초성으로 순서와 상관없이 먼저 낱말을 만든 사람이 소리내어 말하고 ○표를 한다. **예) 두글자 초성 만들기-** ㄱ, ㅊ(기차), ㅅ, ㅂ(신발)...........

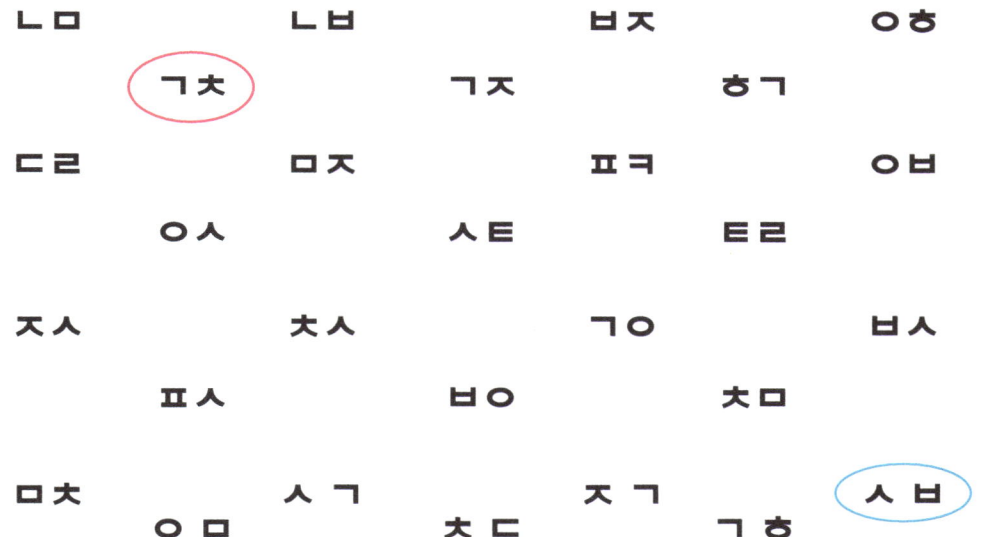

2. 단어가 연속으로 떠오르면 계속 초성을 차지할 수 있다.
3. 더이상 낱말을 만들 수 없는 사람이 지게 된다. 또는 초성을 모두 사용하여 낱말을 만들었으면 더 많이 만든 사람이 이기게 된다.

Tip

어린 아이와 부모가 함께하면 더 유익한 게임이다.
낱말의 조합을 통해 자연스럽게 한글 학습이 이루어진다.

초성 놀이

놀이진행 두자 초성놀이　사탕

ㄴㅁ	ㄴㅂ	ㅂㅈ	ㅇㅎ
ㄱㅊ	ㄱㅈ	ㅎㄱ	
ㄷㄹ	ㅁㅈ	ㅍㅋ	ㅇㅂ
ㅇㅅ	(ㅅㅌ)	ㅌㄹ	
ㅈㅅ	ㅊㅅ	ㄱㅇ	ㅂㅅ
ㅍㅅ	ㅂㅇ	ㅊㅁ	
ㅁㅊ	ㅅㄱ	ㅈㄱ	ㅅㅂ
ㅇㅁ	ㅊㄷ	ㄱㅎ	

초성 놀이

놀이진행 두자 초성놀이 사탕
수건

| ㄴㅁ | ㄴㅂ | ㅂㅈ | ㅇㅎ |

| ㄱㅊ | ㄱㅈ | ㅎㄱ |

| ㄷㄹ | ㅁㅈ | ㅍㅋ | ㅇㅂ |

| ㅇㅅ | (ㅅㅌ) | ㅌㄹ |

| ㅈㅅ | ㅊㅅ | ㄱㅇ | ㅂㅅ |

| ㅍㅅ | ㅂㅇ | ㅊㅁ |

| ㅁㅊ | (ㅅㄱ) | ㅈㄱ | ㅅㅂ |

| ㅇㅁ | ㅊㄷ | ㄱㅎ |

초성 놀이

놀이진행 두자 초성놀이

사탕-나무-교회-이모-은행-우산-가지-모자-부산-병원-버섯-풍선-치마
수건-나비-바지-기차-다리-포크-어부-트럭-주사-책상-가위-마차-장갑-신발-침대

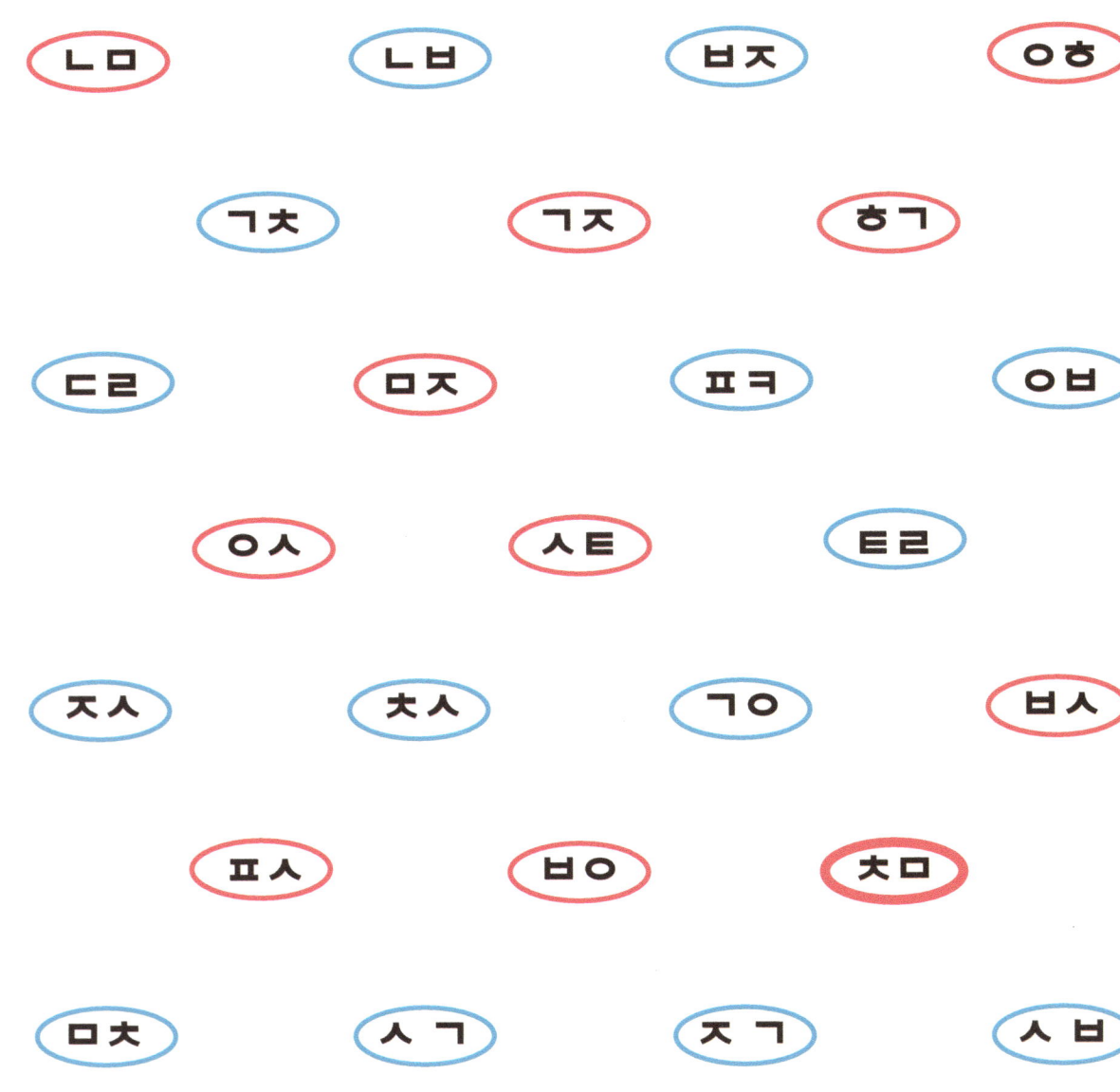

파랑이 빨강보다 두 개 더 찾아 이겼다.

초성놀이(두 글자 초성)

ㄴㅁ	ㄴㅂ	ㅂㅈ	ㅇㅎ
ㄱㅊ	ㄱㅈ	ㅎㄱ	
ㄷㄹ	ㅁㅈ	ㅍㅋ	ㅇㅂ
ㅇㅅ	ㅅㅌ	ㅌㄹ	
ㅈㅅ	ㅊㅅ	ㄱㅇ	ㅂㅅ
ㅍㅅ	ㅂㅇ	ㅊㅁ	
ㅁㅊ	ㅅㄱ	ㅈㄱ	ㅅㅂ
ㅇㅁ	ㅊㄷ	ㄱㅎ	

초성놀이(세 글자 초성)

ㅁㅅㅋ　　　ㅋㅍㅌ　　　ㅎㅂㄱ

ㅋㄲㄹ　　ㄷㅍㅇ　　ㄱㄱㄹ　　ㅇㄹㅅ

ㅈㄷㅊ　　　ㅇㅅㅇ　　　ㅂㄷㄱ

ㅋㅇㅋ　　ㅈㅈㄱ　　ㅈㅎㄱ　　ㅇㅈㅇ

ㅅㅅㄴ　　　ㅅㅌㄱ　　　ㅂㅇㅇ

ㅁㅈㄱ　　ㄴㅈㄱ　　ㅇㄹㅁ　　ㄱㅇㅈ

ㅈㅈㅈ　　　ㅁㄱㅇ　　　ㅎㅁㄴ

ㄷㅁㅇ　　ㄴㅅㄹ　　ㅂㅎㄱ　　ㄱㅂㅇ

끝말잇기

놀이목표

끝말을 찾아 다어를 이어 나가는 게임이다.

놀이방법

1. 놀이판에 제시된 낱말들은 모두 끝말이 이어져 있다. 놀이판에서 끝말에 해당하는 글자로 시작하는 낱말을 찾는다.
2. 순서와 상관없이 먼저 찾은 사람이 소리내어 말하고 끝말이 이어지도록 줄을 긋고 찾은 낱말에 각자 서로 다른 색으로 ○표를 한다.

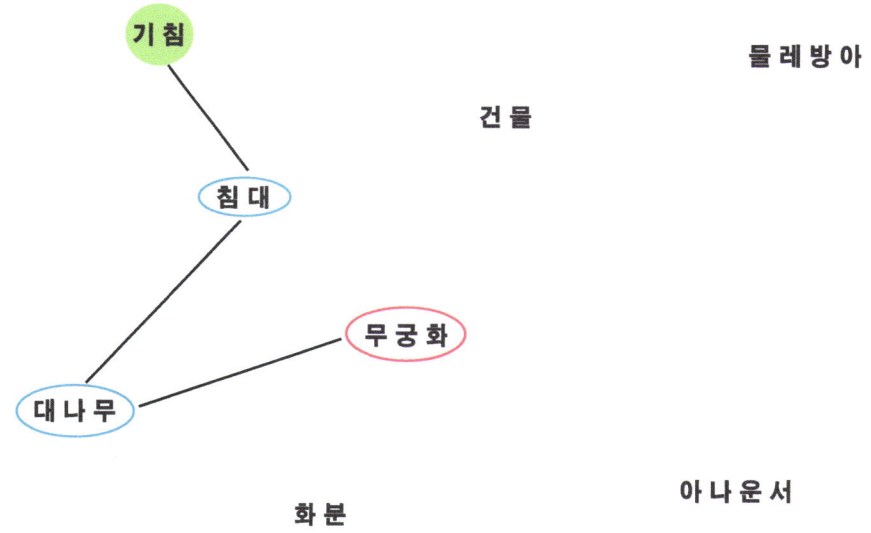

3. 끝말을 모두 이으면 더 많은 동그라미를 차지한 사람이 이기게 된다.

Tip

일종의 스피드 게임이다. 먼저, 빨리 단어를 찾는 사람이 유리하다.
끝말잇기를 통해 단어 연상력이 길러지고
자연스럽게 한글 학습이 이루어진다.

끝말잇기

놀이진행 기침-침대

기침

침대

물레방아

건물

무궁화

대나무

아나운서

화분

수건

분수

서랍

끝말잇기

놀이진행 기침-침대-대나무-

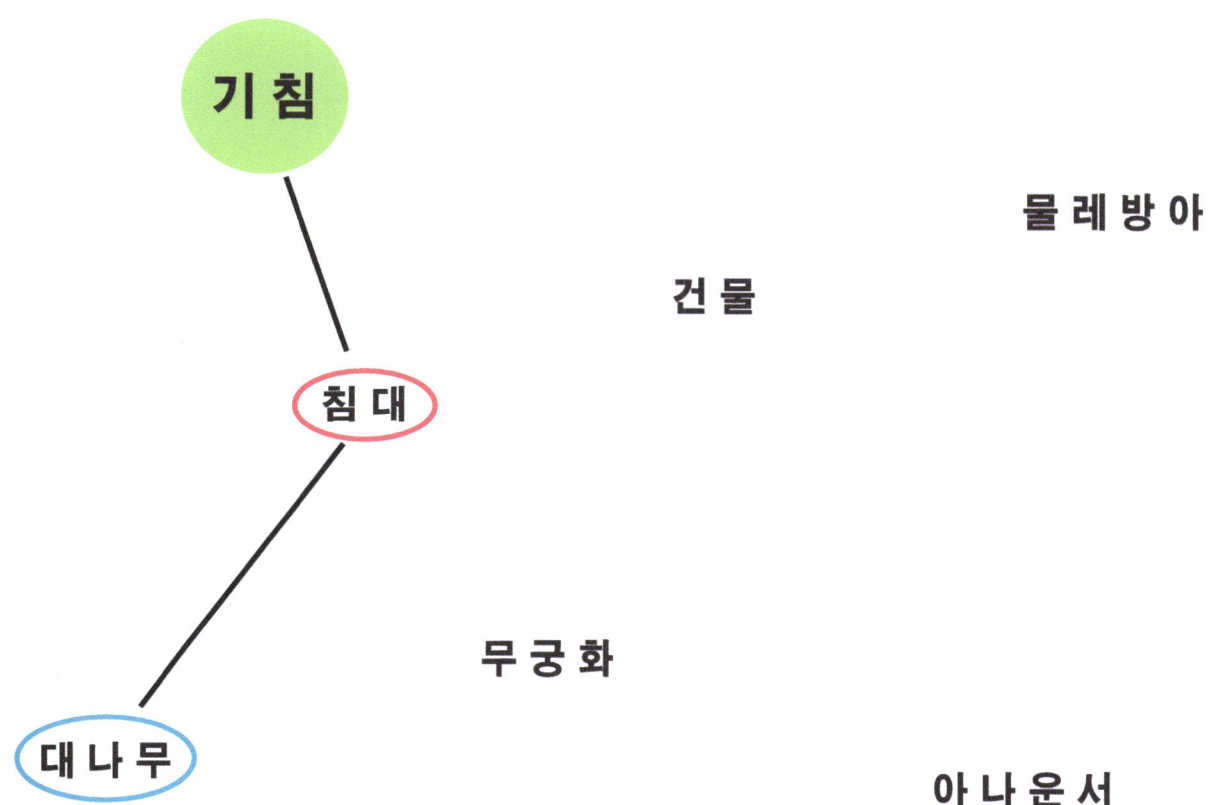

기침

침대

대나무

물레방아

건물

무궁화

아나운서

화분

수건

서랍

분수

끝말잇기

놀이진행 기침-침대-대나무-무궁화-화분-분수-수건-건물-물레방아-아나운서-서랍

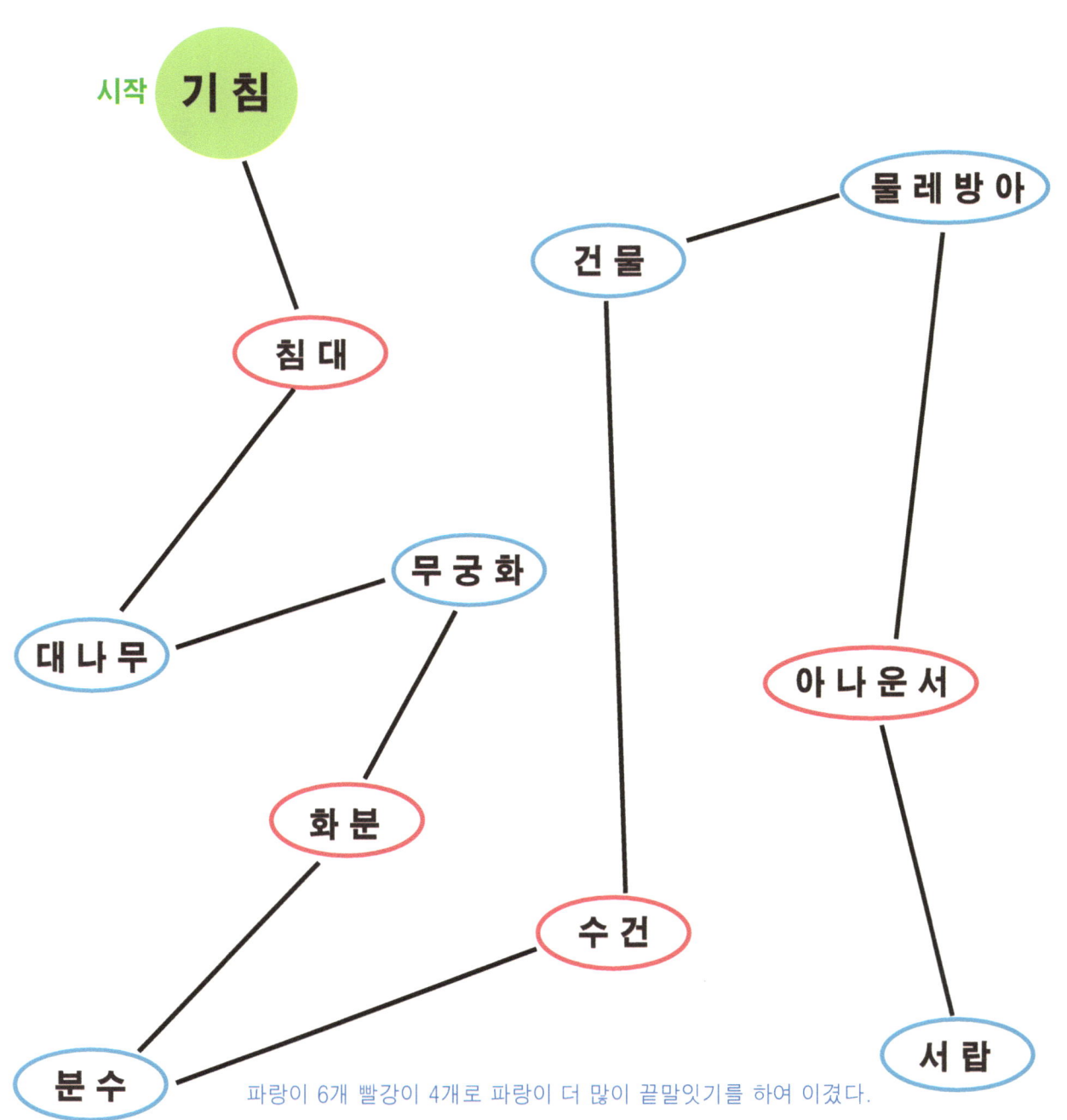

파랑이 6개 빨강이 4개로 파랑이 더 많이 끝말잇기를 하여 이겼다.

끝말잇기.1

시작 **기침**

물레방아

건물

침대

무궁화

대나무   아나운서

화분

수건

서랍

분수

끝말잇기.2

시작 **지우개**

개미

거인

미역국

인사

국자

자전거

귀신

사마귀

발레리나

신발

스카프

치마

크레파스

나팔

마스크

팔꿈치

아이와 함께
연필로 하는 수학 보드게임

차례 / 1권, 2권, 3권

차 례

줄 만들기

▶ 공 떨어뜨리기

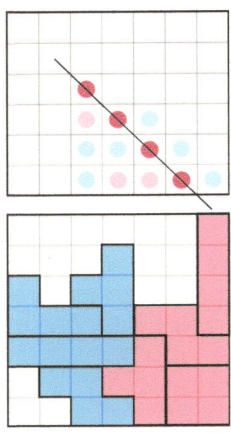

▶ 테트로미노 쌓기

▶ 틱택토

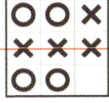

▶ 틱택토 안만들기

▶ 큰 틱택토

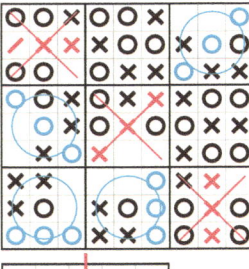

▶ 4줄 만들기

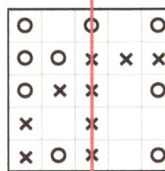

▶ 4줄 안만들기

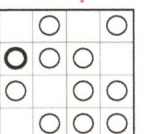

길 건너기

▶ 헥스

▶ 뜻밖의 함정

▶ 꼬불꼬불 미로 여행

▶ 주전자에 무늬 그리기

▶ 길 건너기

▶ 사선으로 길 건너기

▶ 포도 네 송이

배치하기

▶ 사과 따 먹기

▶ 퀴즈 게임

▶ 36명의 장교 게임

▶ 지뢰 제거하기

▶ 육각형 지뢰 제거하기

▶ 지뢰 만들기

▶ 지뢰 설치하기

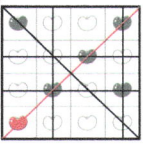
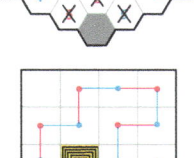
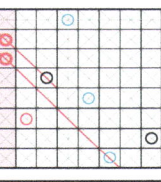
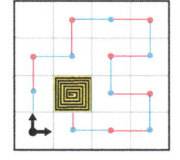

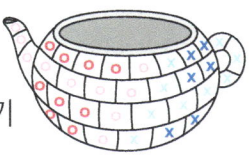
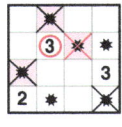
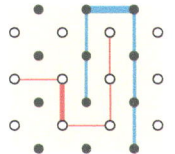
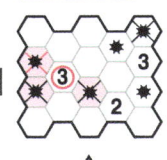
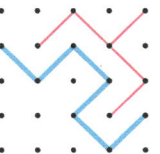
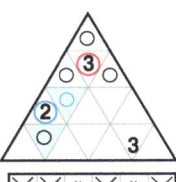

차 례
님 게임

- ▶ 과일 먹기
- ▶ 뱀 종이띠 자르기
- ▶ 다섯 만들기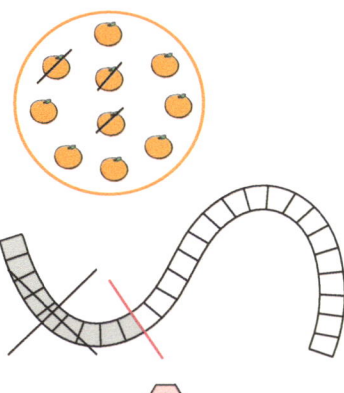
- ▶ 1, 2, 3 지우기
- ▶ 마지막 숫자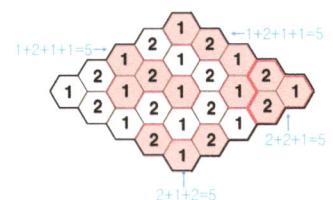
- ▶ 487원 만들기

채우기

- ▶ 도미노 덮기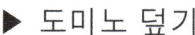
- ▶ 펜토미노 덮기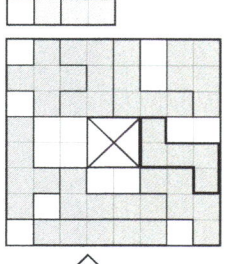
- ▶ 마름모 도미노 덮기
- ▶ 꼭짓점 잇기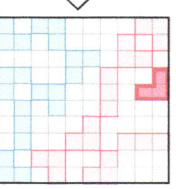
- ▶ 헥시아몬드 덮기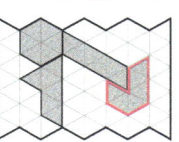
- ▶ 트리아몬드 놀이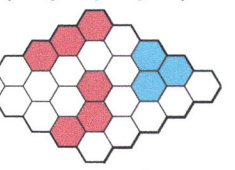
- ▶ 십자블록 깔기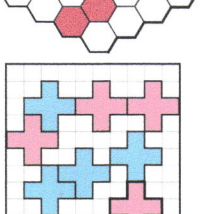
- ▶ 트리오미노 덮기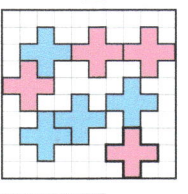

- ▶ 테트로미노 덮기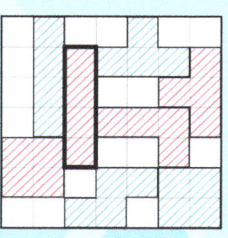
- ▶ 정육면체 전개도 덮기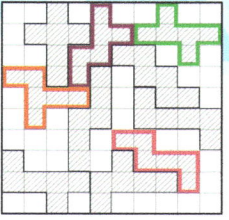
- ▶ 같은 모양 찾기

평면 나누기

- ▶ 삼각형 나누기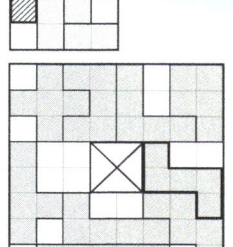
- ▶ 동그라미 나누기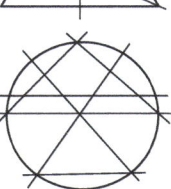
- ▶ 교차점 만들기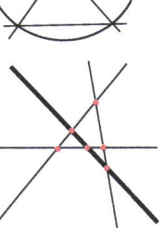

차 례
논리 놀이

▶ 말(나이트)의 이동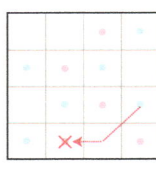

▶ 말의 이동과 틱택토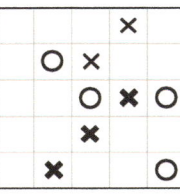

▶ 하늘의 별따기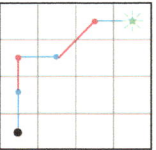

▶ 모두 X 만들기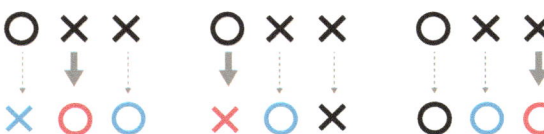

▶ 모두 X 만들기

▶ 4색 게임

수 놀이

▶ 15만들기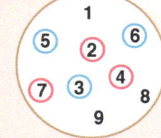

▶ 숨겨진 숫자 맞추기

63	64	65
73	74	75
83	84	85

▶ 소수 찾기

▶ 10만들기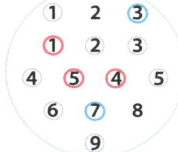

▶ 세 수의 합

▶ 3의 배수로 삼각형 만들기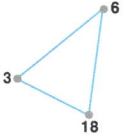

▶ 더해서 큰 수 만들기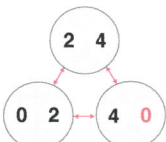

▶ 숫자 찾기

▶ 스도쿠 함정 만들기

▶ 약수 놀이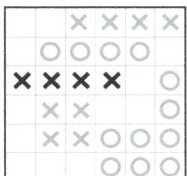

도형 놀이

▶ 상자 만들기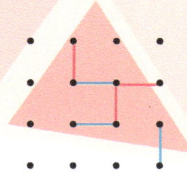

▶ 삼각형 상자 만들기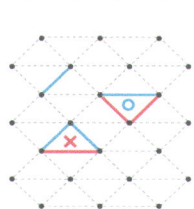

▶ 삼각형 만들기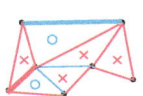

▶ 사각형 만들기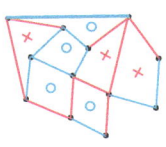

▶ 여러 가지 정사각형 만들기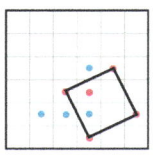

▶ 여러 가지 정사각형 안만들기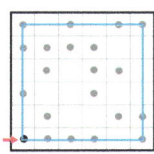

▶ 삼각형 그리기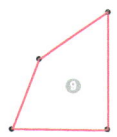

▶ 사각형 그리기

연필로 하는 수학 보드게임.4권

초판 발행일 : 2024년 8월 20일

지은이 : 한버공

펴낸 곳 : 청송문화사
　　　　　서울시 중구 수표로 2길 13

홈페이지 : www.kidzone.kr

전화 : 02-2279-5865

팩스 : 02-2279-5864

등록번호 : 2-2086 / 등록날짜 : 1995년 12월 14일

가격 : 22000원

잘못 인쇄된 책은 서점이나 본사에서 바꿔 드립니다.